REGARDS SUR L'AUDIOVISUEL
1974-1993

TOME V

--*

L'ÂGE DE LA TÉLÉVISION

DU MÊME AUTEUR

Editions des Cahiers Bourbonnais

AU SERVICE DU BOURBONNAIS
L'ALLIER AU PRESENT
HORIZONS BOURBONNAIS

Editions Christine Bonneton

BOURBONNAIS (en collaboration)

Plon

LES BOUTIQUES EN COLERE
ELU DU PEUPLE
TELEVIOLENCE
TELEMANIE

Flammarion

L'ARGENT DE LA TELEVISION

J. C. Lattès et Licet

LA TELEVISION APRES SIX REFORMES

Economica

LE SENAT DANS LA SOCIETE FRANCAISE

Librairie Générale de Droit et de Jurisprudence

FINANCES PUBLIQUES ET POUVOIR LOCAL
LES POUVOIRS PUBLICS ET L'ARTISANAT
LES POUVOIRS PUBLICS ET LES VEUVES
LES POUVOIRS PUBLICS ET LE THERMALISME
LES POUVOIRS PUBLICS ET LA TRANSMISSION DE LA CULTURE
LES POUVOIRS PUBLICS ET LES CAISSES D'EPARGNE
LES «ANTI-MONARQUE» DE LA CINQUIEME
UN PROJET POUR LA PRESSE
LA LOI DE 1987 SUR L'EPARGNE
LES FINANCES LOCALES DECENTRALISEES
UNE AMBITION POUR L'ALLIER

REGARDS SUR L'AUDIOVISUEL (1974-1993)
tome 1 - UNE AUTRE BATAILLE DE FRANCE
tome 2 - MOTS POUR MAUX
tome 3 - POUR QUI SONT CES TUYAUX QUI SIFFLENT SUR VOS TÊTES ?
tome 4 - FEU D'ARTIFICES POUR FIN DE LÉGISLATURE
tome 5 - L'ÂGE DE LA TÉLÉVISION
tome 6 - ÉDUCATION, CULTURE ET TÉLÉVISION
tome 7 - LETTRE A MES COLLÈGUES REPRÉSENTANTS DU PEUPLE

Jean CLUZEL

de l'Institut

L'ÂGE DE LA TÉLÉVISION

Sept ouvrages sont regroupés sous le titre général REGARDS SUR L'AUDIOVISUEL.

La période étudiée -sur la base d'une vingtaine de rapports sénatoriaux- va de la réforme du 7 août 1974 à l'Europe de 1993.

PARIS
LIBRAIRIE GENERALE DE DROIT ET DE JURISPRUDENCE
26, rue Vercingétorix, 75014 Paris

1993

ISBN : 2.275.00547.1

INTRODUCTION À TROIS VOIX

- une page de Paul Valéry
  extraite de *Regards sur le monde actuel (1937)*

- un texte de Bruno Frappat
  Le Monde - Supplément radio-télévision
  12-18 octobre 1992

- Une enquête sur
  la *Consommation* quotidienne des médias par les Français (avril 1991 - avril 1992)

Imaginez (...) les remarques que pourrait faire un observateur, un Méphistophélès spéctateur des destins de notre espèce, qui, posté un peu au-dessus des humains, considérerait notre condition (....).

Vous ne voyez donc pas, dirait ce diable aux yeux clairs, vous ne voyez donc pas que vous êtes de simples sujets d'expériences extravagantes, qu'on essaie sur vous mille actions et mille substances inconnues ? (...) Et quant à l'intellect, mes amis, quant à la sensibilité, -c'est à quoi je m'intéresse le plus-, on vous soumet l'esprit à une merveilleuse quantité de nouvelles incohérentes par vingt-quatre heures ; vos sens doivent absorber, sans un jour de repos, autant de musique, de peinture, de drogues, de boissons bizarres, de spectacles, de déplacements, de brusques changements d'altitude, de température, d'anxiété politique et économique, que toute l'humanité ensemble, au cours de trois siècles, en pouvait absorber jadis !

Vous êtes des cobayes, chers hommes et des cobayes fort mal utilisés, puisque les épreuves que vous subissez ne sont infligées, variées, répétées qu'au petit bonheur. Il n'est point de savant, point d'assistant de laboratoire qui règle, dose, contrôle, interprète des expériences, des vicissitudes artificielles, dont nul ne peut prévoir les effets plus ou moins profonds sur vos personnes précieuses. Mais la mode, l'industrie, mais les forces combinées de l'invention et de la publicité vous possèdent, vous exposent sur les plages, vous expédient à la neige, vous dorent les cuisses, vous cuisent les cheveux ; cependant que la politique aligne vos multitudes, leur fait lever la main ou dresser le poing, les fait marcher au pas, voter, haïr ou aimer ou mourir en cadence, indistinctement, statistiquement !

Paul Valéry
Regards sur le monde actuel
1937 (pp. 1061 et 1062, éd. de la Pléiade, tome II)

"Omniprésence"

Armero, lorsque la petite fille était en agonie dans la boue du Névado del Ruiz, nous étions tous rassemblés autour d'elle. C'est-à-dire qu'il y avait des caméras, ronronnant patiemment en attendant que le voile gris de la mort éteigne le petit visage. Et des émetteurs pour transmettre les images de la Colombie jusqu'à nos maisons.

A Los Angeles, quand des policiers ont tabassé nuitamment un "malfaiteur" noir, il y avait un vidéaste pour enregistrer la scène et en permettre la diffusion dans toute l'Amérique. Cela finit par un procès honteux, des émeutes et des morts.

A Vaison-la-Romaine, lorsque le flot furieux de l'Ouvèze traversait et meurtrissait la ville, il y avait, posté dans sa maison, un amateur, caméscope au point, filmant tout et ne disant rien. On entendait seulement un bruit d'enfer et des cris lointains. A Amsterdam, quand le Boeing qui finirait sa course dans un immeuble perdit en vol un moteur, il y avait un photographe pour un instantané flou mais impressionnant. En Somalie, au bord des routes de sable, les équipes de télévision, parfois, repèrent des agonisants qui bougent encore. On en a vu un, il y a quelques semaines. C'était un enfant. On l'a levé. On lui a offert une banane. Il a mangé lentement, sans rien dire. Le cameraman filmait, sans arrêt. Chacun était dans son rôle : le mourant et le filmant. Il y avait eu, naguère, aux confins de l'Irak et de la Turquie, la vision des masses kurdes, transies, fuyant Saddam, titubantes, et d'un corps petit, agité de derniers soubresauts, que sa mère recouvrait d'une couverture déchirée et colorée. Elle regardait alternativement le journaliste et ce petit tas de malheur au bord du chemin, près d'une plaque de neige.

Professionnels ou amateurs, il y a toujours un oeil électronique qui regarde pour nous. La tendance s'accélère et l'on va vers une généralisation d'une sorte de panoptique où tout événement survenant sur cette planète finirait en cassette vendable et diffusable.

C'est déjà fait pour les menus événements de la vie heureuse. Baptêmes (mais aussi naissances, désormais), mariages, vacances ensoleillées, promenages en forêt, baignades : le stock est énorme où les ethnologues du futur pourront puiser les images de nos coutumes et les grandes lignes de notre culture de la vie quotidienne. Il reste des progrès à faire. pourquoi ne filme-t-on que les obsèques des "Grands" ? Et l'agonie au quotidien, ne mériterait-elle pas un regard pour que la mémoire ne s'en estompe pas ? On peut imaginer une société où tout serait filmé : travail, amours, maladies, conversations intimes, débats et ébats, conseils d'aministration, procès, rencontres de hasard, meurtres, exécutions, accidents d'automobile (équipons chaque carrefour) nuits sans lune, sommeil du juste et insomnie du fourbe, câlins et violences, détenus en cellule et moines en prières, opérations, disputes, déprimes et éclats de rire. On n'y est pas, mais on y tend.

Ce qui peut se montrer a déjà acquis une valeur supérieure à ce qui peut seulement se décrire (et l'on ne parle pas de l'inexistence de ce qui se passe sans témoins...). Les images n'ont pas seulement un "poids", elles ont un but : entretenir chacun de ceux qui les voit dans l'illusion qu'elles le font accéder au réel. Et dans celle consistant à croire que d'éprouver face à elles des sentiments est déjà une forme d'action. Voir c'est agir. Regarder la souffrance apaise la conscience : il suffit que l'on ajoute en bas de l'écran un numéro de CCP pour faire du simple voyeurisme une conduite noble, même sans passage par le carnet de chèques. Vivre par les images, c'est la pente de notre temps. Le siège des émotions n'est plus le cerveau mais le téléviseur. Il est là pour nous alimenter en émotions positives ou négatives : rires, larmes, colères, tout y naît. La conséquence en est qu'à terme nous ne vivrons plus directement dans le réel, mais par images interposées. Déjà se font sentir des impotences par rapport à la vie vraie. Tel dont la vie est hantée par les compétitions sportives ne met jamais les pieds dans un stade et ne sait pas ce qu'est une foule transie qui se réchauffe en faisant la "hola". Un autre n'a de contacts avec les chômeurs que lorsqu'ils sont médiatisés. Celui-là passe plus de temps à observer les cartes météo qu'à regarder le ciel par-dessus le toit.

La politique est déjà tout entière dans le petit écran. La culture tente de s'y frayer un chemin. Ils seront dix millions à voir les images sur une grande exposition de peinture et cent mille, pas plus, à s'y rendre. Si Hugo mourait ajourd'hui, serions-nous des centaines de milliers dans Paris à lui rendre l'hommage de notre piétinement ou préférerions-nous le poste d'observation domestique, plus confortable et plus près du catafalque ? Quand les catastrophes se montreront en direct à la télé -c'est le prochain progrès- il sera possible à ceux qui y seront soumis de les regarder en fermant les volets, et de se voir couler ou disparaître. Dans mille ans, deux-mille peut-être, l'humanité entière vivra l'alternance des regards : quand l'oeil ne sera pas derrière une caméra il sera fixé sur un écran. On peut même imaginer la tournure, non prévue par les Ecritures, d'une apocalypse des temps ultra-médiatiques. Cela prendrait la forme d'une implosion d'images, la terre entière filmant la terre entière à l'agonie dans une boucle sans fin où finiraient par se mêler vision et réalité. »

Bruno Frappat
Le Monde - Supplément radio-télévision
12-18 octobre 1992 - p. 31

UNE REALITE A PRENDRE EN COMPTE DES CHIFFRES A CONNAITRE

Enquête réalisée d'avril 1991 à avril 1992 sur la consommation quotidienne des medias par les francais (presse - radio - télévision)

En avril 1991, le CESP (1) a lancé une enquête intitulée *Budget-Temps Multi-Médias.*

« ***Objectifs et principes de base.***

L'étude Budget-Temps Multi-Médias, *s'est voulue outil de connaissance générale de la consommation quotidienne des médias* ***afin de servir aux professionnels pour établir leur stratégie média.*** (2)

« *L'étude* Budget-Temps Multi-Médias *a permis de recenser et de dénombrer pour un même individu au cours d'une journée, la veille, toutes ses occasions de contacts avec tous les médias (affichage, cinéma, presse, radio, télévision).*

Le relevé des contacts média s'effectue au travers d'une reconstitution chronologique des activités de la veille *des personnes interrogées. Celles-ci décrivent de façon très détaillée leur emploi du temps cinq minutes par cinq minutes en citant toutes leurs activités média et non média* de la veille.

« ***Univers de l'enquête et échantillon.***

L'étude Budget-Temps Multi-Médias est représentative de la population des individus âgés de 15 ans et plus (français et étrangers) appartenant à un ménage ordinaire. Cette population a été estimée au 1er janvier 1992, pour la

---

(1) Centre d'Etude des Supports de Publicité.

(2) C'est nous qui avons souhaité faire ressortir ce passage.

France à 45 000 000 de personnes. L'enquête s'est déroulée de manière permanente tout au long de l'année entre le 15 avril 1991 et le 15 avril 1992, à partir d'un échantillon total de 18 040 personnes. Cet échantillon a été réparti en 12 vagues mensuelles d'environ 1 500 individus. A l'intérieur de chacune des vagues, les interviews ont été équi-réparties sur chacun des jours afin d'assurer une représentativité socio-démographique par jour nommé, c'est-à-dire un lundi, mardi, mercredi moyen.

« Afin que l'étude soit la plus représentative possible de la réalité des comportements des Français, un échantillon spécifique de personnes en vacances a été intégré dans les vagues d'été, soit entre le 15 juillet et le 15 septembre 1991. (...)

*« **Les résultats.***

« Ils concernent les activités de la veille *et les 3 médias presse, radio et télévision. Les principaux résultats sont donnés pour 3 univers temporels : en semaine du lundi au vendredi, le samedi et le dimanche.*

*« **Le Budget-Temps Multi-médias des individus.***

« Durée moyenne de la fréquentation des médias presse, radio, télévision.

« L'écoute de la télévision *est prédominante et représente un peu plus de 3 h chaque jour, avec une pointe le dimanche, pour atteindre presque 4 h.* La part de l'écoute radio *représente près de 2 h. Elle est légèrement moins importante le dimanche. Le temps consacré à la lecture de la presse (quelle que soit la catégorie de presse) s'élève en moyenne par jour à environ 36 mn. Contrairement à la radio et à la télévision, la durée de lecture de la presse varie peut tout au long de la semaine. (...)*

« L'environnement.

La lecture de la presse *: dans 36,2 % des cas, la lecture de la presse constitue une activité exclusive sans aucune autre forme d'activité. Lorsque la lecture est associée à d'autres activités, 3 activités prédominent : l'écoute de la radio et de la télévision (19,7 %), le repos (11,4 %) et le repas (10,7 %).*

L'écoute de la radio *: la radio est le média d'accompagnement par excellence. La radio accompagne les individus au fil de leurs activités quotidiennes, pendant leurs repas (19,9 %) lorsqu'ils s'occupent de leurs enfants ou en effectuant des tâches ménagères (19,4 %), pendant leurs activités professionnelles (15,8 %) et leurs déplacements (13,5 %). Près de 70 % de la consommation de la radio s'effectue pendant ces 4 types d'activités.*

L'écoute de la télévision *: dans 38 % seulement des cas, on regarde la télévision en faisant d'autres choses, notamment pendant le repas (19,6 % de l'écoute). Ici, le traditionnel face à face avec le petit écran domine avec 62,3 % du temps passé à l'écoute sans aucune autre activité simultanée. (...)*

*« **Quand lit-on, quand écoute t-on, quand regarde t-on ? Les temps forts.***

la lecture de la presse. *La répartition des contacts presse, tout au long de la journée fait apparaître 3 temps forts de lecture : le matin entre 10 h et 12 h, l'après-midi entre 13 h 30 et 16 h 30, le soir entre 20 h 30 et 22 h 30.*

« 25 à 30 % des lecteurs en moyenne ont un contact avec un journal ou un magazine pendant chacune de ces périodes de la journée. Par ailleurs, il est intéressant de noter que 10 % des lecteurs de la matinée et de l'après-midi sont des lecteurs "exclusifs" c'est-à-dire des individus qui n'ont aucun autre contact média pendant leur lecture. La répartition des lecteurs de la presse quotidienne et de la presse magazine au fil de la journée fait apparaître des pôles d'attractions différents et complémentaires. La lecture de la presse quotidienne est plutôt une activité matinale : 1/4 des lecteurs lisent leur journal dans la matinée entre 10 h et 12 h.

A l'inverse, le rendez-vous des lecteurs avec leurs magazines est plus tardif avec deux temps forts, l'après-midi entre 13 h 30 et 16 h 30 et le soir entre 20 h 30 et 22 h 30 ; 25 % des lecteurs présents en moyenne.

L'écoute de la radio. *La radio présente son habituel "profil matinal" avec, entre 7 h et 10 h en moyenne 40 % des auditeurs à l'écoute chaque jour de la semaine et 46 % entre 10 h et midi. En moyenne, 1/3 des auditeurs sont des "exclusifs" de la radio à ce moment là ; ils n'ont aucune autre activité média durant leur écoute.*

L'écoute de la télévision. *A l'opposé, et en complément de la radio, la télévision prend le relais dès midi, avec en moyenne un peu plus d'un téléspectateur sur deux à l'écoute entre 12 h et 13 h 30 (54,2 %) La montée en puissance de l'auditoire se fait progressivement à partir de 19 h avec un point culminant le soir entre 20 h 30 et 22 h 30 rassemblant en moyenne 79,5 % de l'auditoire journalier au rendez-vous. Parmi ces téléspectateurs de la soirée 56,9 % ne regardent que la télévision sans aucune autre activité média. »*

Extraits d'une enquête réalisée
par le *Centre d'Etude des Supports de Publicité.* Paris.
(rendue publique le 6 novembre 1992)

1 - LA MACHINE À MANGER LE TEMPS

Parce que chaque époque cherche à se définir, comment le faire pour la nôtre ?

Est-ce l'âge de l'automobile ? L'âge de l'avion ? L'âge atomique ?

Le plus juste serait sans doute de parler de l'*âge de la télévision* car la rapidité de son irruption, son omniprésence et le fait qu'elle régne sans partage sur notre temps libre ont eu des répercussions profondes sur l'évolution des comportements et des moeurs.

Que s'est-il passé ? Et pourquoi cet extraordinaire bouleversement dans des manières de vivre qui n'avaient guère changé depuis des siècles ? Réponse : l'arrivée d'un appareil que, dans les temps anciens, on eut qualifié de magique. Mais la magie est certainement pour quelque chose dans l'affaire, puisque les hommes ont rapidement perdu ce qu'ils avaient mis tant de siècles à acquérir : beaucoup de temps libre.

Fallait-il tant de morts au cours d'affrontements populaires, tant de sacrifices militants, tant d'explosions de joie accompagnant les premiers congés payés, pour considérer que la vraie vie était tout ce qui se trouvait en dehors du temps de travail ! Et pour, en une seule abdication, accepter de perdre l'usage de cette liberté si convoitée, si nouvelle et si chèrement acquise ?

En effet, avec un décalage de quelques décennies seulement, après les victoires de l'homme sur la durée du temps de travail, notre civilisation nous a offert une machine qui n'est pas sa moindre invention et dont l'utilité première semble être de nous faire consommer le temps libre ainsi gagné. Que l'on songe seulement à ce qu'eût pu être l'utilisation de tant d'heures de libre activité, par rapport au temps nécessairement consacré au travail par nos anciens ?

Au début du siècle, les ouvriers accomplissaient une soixantaine d'heures de travail par semaine. Ils en font aujourd'hui vingt à vingt-cinq de moins. Mais chacun sait que le Français moyen, comme l'Allemand ou l'Anglais, non moins moyen, passe de vingt à trente heures -et quelque fois plus- par semaine devant *sa* télévision.

On connaît le tableau de Goya représentant *Saturne dévorant son fils.* On y peut voir le géant dévorant à belles dents l'un de ses rejetons, qu'il tient fermement entre ses mains comme une miche de pain. Ce pourrait être une allégorie de la civilisation post-industrielle : elle dévore au fur et à mesure les heures de loisir qu'elle nous donne, monstre absurde qui nous soumet à la fascination de la machine audiovisuelle. Et cette fascination est sans doute le plus important phénomène de cette fin de siècle.

La mutation est plus décisive pour l'évolution de l'humanité qu'il n'y paraît. En effet, dans les sociétés antiques, le travail revenait aux esclaves, la politique, les arts et les loisirs aux hommes libres. Mais, de nos jours, c'est au sein de notre propre vie que se pratique le partage, puisque tous, femmes et enfants compris, -mis à part les seuls chômeurs et retraités- nous sommes tantôt occupés par le travail et tantôt par les loisirs. Dès lors, le temps de travail tend à apparaître comme un mal nécessaire, celui de la subsistance à assurer, vaille que vaille, un mal auquel il faut bien se résigner.

Il ne s'agit pas ici de déplorer ce que d'aucuns pourraient appeler la perte d'un certain amour du travail, ni même d'analyser les facteurs de cette évolution. Il suffit de souligner le phénomène qui a fait passer le centre de gravité de la vie, du travail aux loisirs. Ce phénomène est certainement celui qui marque le plus profondément notre civilisation dans la mesure où celle-ci est de type post-industriel. Ce sont les machines qui permettent de diminuer le travail et la fatigue de l'homme. Mais, parce qu'elles rendent l'effort plus asteignant, plus impersonnel et plus dur, elles font plus vivement aspirer à ce temps libre devenu possible grâce à elles.

Que font donc nos concitoyens pour occuper ce temps gagné ? Dans leur très grande majorité, ils regardent la télévision. C'est une occupation plus facile, plus à la portée de n'importe qui, plus attrayante, plus variée. Il suffit de tourner le bouton et fonctionne alors cette captivante *machine à manger le temps.* Du coup, nous n'avons plus de temps pour quoi que ce soit d'autre. Nous ne nous appartenons plus à aucun moment car nous sommes occupés à quelque chose d'extérieur et généralement étranger à nous-mêmes, puisque, chaque jour, chaque soir surtout, les postes crachent leur pâture -sinon tout à fait la même, du moins de même composition- à des centaines de millions d'être humains.

Ce ne peut être sans conséquences.

L'usage de la télévision est, à l'évidence, en cette fin de siècle, l'un des phénomènes les plus importants chez les peuples que l'on dit développés. C'est pourquoi, il n'est pas exagéré de parler *d'un âge de la télévision,* car, dans les pays qui l'utilisent, celle-ci a changé la vie de la majorité des hommes.

Celui qui se veut attentif aux signes du temps, doit être sensible aux multiples formes de dégradation qui peuvent menacer toute civilisation et la nôtre n'y échappe pas. Or, l'audiovisuel pourrait bien, dans les temps actuels et si nous n'y prenions garde, accroître cette dégradation.

Ce constat fait, hélàs, autour de lui, la quasi unanimité : écrivains, politiques, sociologues, philosophes eux-mêmes, prennent en compte les conséquences de la consommation audiovisuelle sur l'évolution des comportements et des moeurs. Avec, comme horizon, le *village global,* pour les uns, et le *goulag électronique* pour les autres. L'évolution de la société a toujours dépendu de l'effort et des comportements de chacun ; on le sait ! *On ne peut faire par les lois*, déclarait Montesquieu, *ce que l'on doit faire par les moeurs.* C'est pourquoi, de nos jours, il faut tenir compte de la dépendance dans laquelle se trouvent des centaines de millions d'êtres humains à l'égard de la télévision.

Telle est bien la constatation que Jean Cazeneuve a développée, contre l'opinion de Marcuse sur le rôle de la télévision dans l'évolution des comportements sociaux. Pour ce dernier, ce rôle *peut être minimisé, si l'on considère que la télévision ne déclanche guère les grands mouvements de fond qui se traduisent par des aspirations nouvelles, des moeurs différentes, des crises de conscience collectives, et qu'elle n'est pas davantage la première responsable des immobilisations, des scléroses de la civilisation. Mais*, répond Jean Cazeneuve, *on s'apercevra peut-être plus tard, quand on fera le bilan, que les mass médias ont finalement une action décisive en donnant consistance à de vagues aspirations ou à de sourdes inquiétudes, en faisant un écho immense à quelques craquements dans un édifice social ou culturel apparemment solide, en faisant que de légères tendances deviennent une mode, et finalement en concrétisant aux yeux de tous un état d'esprit qui, sans cela, aurait pu être sans grandes conséquences parce qu'il était inaperçu* (1).

Ce sont bien les mêmes craintes, qu'au cours d'une interview le Cardinal Lustiger exprimait. Quel aurait dû être, d'après lui, l'effort d'éducation à entreprendre pour pouvoir -sans risque- consommer ces millions et ces millions d'images ? Sa réponse est claire. Il aurait fallu : *apprendre à débattre plutôt qu'à regarder un débat. Apprendre à observer le réel plutôt qu'à observer des représentations. Apprendre*

---

(1) Jean Cazeneuve, *Les Pouvoirs de la Télévision*, Paris, pp. 323 et suiv.

à fermer une radio pour écouter ses proches. A fermer une télévision pour regarder son voisin. Apprendre à penser par soi-même plutôt que de se saturer de fantasmes préfabriqués. Apprendre la valeur du silence sans lequel aucune parole ne peut plus être donnée et reçue (2).

En fait, l'usage immodéré, et l'usage subi, de la télévision a contribué à distendre des liens qui, durant des millénaires ont formé un tissu social serré. Nous sommes, pour cette raison, entrés dans une nouvelle forme de société, composée, non plus de communautés associées, mais d'individus isolés, juxtaposés les uns les autres. A l'époque moderne, les hommes s'organisent selon *l'ordre des individus,* c'est-à-dire dans une situation où l'on veut, en faisant référence à Benjamin Constant, *chercher sa jouissance privée en se détournant d'une participation politique à laquelle chacun a cependant droit par ailleurs.*

Il est vrai que les philosophes des Lumières n'avaient pu soupçonner l'émergence d'un tel phénomène social, eux qui plaidaient pour une nouvelle forme de légitimité civique donnée par la liberté. Mais il ne pouvait leur apparaître qu'une fois la liberté et l'égalité accordées aux personnes, celles-ci pourraient parfaitement n'en faire qu'un usage purement privé en se désintéressant de son usage public.

Le problème qui se pose alors à chacun et à tous est de mesurer l'influence de la télévision sur l'évolution de la société moderne. Ensuite, de voir comment, grâce à son utilisation-même, il serait possible de la faire servir au développement de l'humanité.

---

(2) *Télérama* n° 2146, 26 février 1991, p. 11, propos recueillis par J.Cl. Raspiengeas.

2 - OÙ GABRIEL TARDE ET PAUL VALÉRY SE REJOIGNENT

Le fait de s'installer devant un poste de télévision, tous les jours, quoiqu'il arrive, et quel que soit le programme, est la forme sous laquelle la grande majorité des hommes utilise la part du temps que chacun regarde comme le plus précieux. Il faut cependant considérer qu'il existe, pour la télévision, deux catégories de personnes :

- ceux qui la font,
- et ceux qui la regardent.

Les premiers : dans tous les pays développés, la télévision représente un ensemble d'entreprises considérable par les personnes employées aussi bien que par les moyens utilisés. Elle met en jeu d'innombrables intérêts, car elle est un puissant moyen d'influence sur l'évolution -pas seulement économique- d'une société. C'est dire qu'elle pose d'énormes problèmes, qui sont aussi d'une extrême complexité. C'est sans doute pourquoi -par excessif souci de perfectionnisme juridique- la France détient le record mondial du nombre des réformes -et elle est bien partie pour continuer-. C'est aussi pourquoi tous les gouvernements, sans exception, veillent à ce que l'organisation de leur audiovisuel obéïsse à un certain nombre de règles tant pour l'usage des fréquences que pour la composition des programmes, tout en prenant garde à ce qu'elle ne risque pas de tomber entre les mains de charlatans cyniques ou de politiciens sans scrupules.

Les seconds : ce sont les usagers. Ils peuvent aussi bien être les bénéficiaires que les victimes du système mis à leur disposition. Il leur faut donc savoir jusqu'à quel point ils peuvent accepter de se laisser séduire par cet omniprésent et peu coûteux moyen de divertissement qui se présente aussi comme un moyen d'information et d'éveil à la culture. Il leur faut également prendre conscience des mécanismes par lesquels le goût de la télévision devient un besoin tyrannique et ce qui en résulte, non seulement pour eux, mais d'abord et surtout pour leurs enfants. Il n'est pas exagéré de dire que c'est là le premier problème moral de l'homme moderne dans la mesure où il s'agit de l'emploi qu'il fait de la meilleure partie de son temps, de celle dans laquelle il a l'entier usage de sa liberté.

Le danger qui nous menace, et que chacun doit tenter de conjurer, pour soi et pour les siens, tandis que les hommes politiques doivent essayer de le diminuer pour tous, ce danger, Paul Valéry l'avait pressenti, dès 1925. L'écrivain constatait alors que les moyens mis à notre disposition par les inventions qui -déjà- se multipliaient, répondaient moins à des besoins préexistants qu'elles n'en créaient artificiellement de nouveaux afin de se trouver des débouchés. *Tout se passe*, écrivait-il, *dans notre état de civilisation industrielle, comme si, ayant inventé quelque substance, on inventait d'après ses propriétés une maladie qu'elle guérisse, une soif qu'elle puisse apaiser, une douleur qu'elle abolisse. On nous inocule donc, pour des fins d'enrichissement, des goûts et des désirs qui n'ont pas de racines dans notre vie physiologique profonde, mais qui résultent d'excitations psychiques ou sensorielles délibérément infligées.* Mais n'est-ce pas aujourd'hui exactement le cas avec la télévision ? Et quel est, pour Valéry, le résultat de cette "inoculation" de "goûts" et de "désirs" qui naissent "d'excitations psychiques, ou sensorielles" dûment calculées pour nous influencer irrésistiblement et faire de nous les maniaques de nouvelles habitudes ? La suite de l'analyse nous le dit en visant des abus qui, sans être encore, vu l'époque, ceux de la télévision, les préfigurent assez bien, puisqu'ils naissent du même emballement.

L'homme moderne s'enivre de dissipation. Abus de vitesse, abus de lumière, abus de toniques, de stupéfiants, d'excitants. Et Valéry précise, comme s'il avait aussi prévu la télévision : *Abus de fréquence dans les impressions ; abus de résonance ; abus de facilités ; abus de merveilles ; abus de ces prodigieux moyens de déclenchement, par l'artifice desquels d'immenses effets sont mis sous le doigt d'un enfant.* Puis Valéry pousse jusqu'au bout son analyse en constatant que *notre système organique* réagit ici *à peu près comme il le fait à l'égard d'une intoxication insidieuse. Il s'accommode à son poison, il l'exige bientôt. Il en trouve chaque jour la dose insuffisante.* Pourrait-on mieux décrire les effets de la télévision ?

C'est par elle aujourd'hui, et bien plus que Valéry ne pouvait le prévoir en jetant ses *Regards sur le monde actuel*, que *nous perdons cette paix essentielle des profondeurs de l'être, cette absence sans prix, pendant laquelle les éléments plus délicats de la vie se rafraîchissent et se réconfortent*, bref cette *vacance bienfaisante qui rend à l'esprit sa liberté propre* (1).

Paul Valéry posait ainsi, avec prémonition, la seule question qui vaille vraiment lorsque l'on se préoccupe de la télévision. D'un même mouvement, il y répondait sans nuance puisque, si nous appliquons ses analyses à la télévision, on peut conclure à l'influence qu'elle exerce sur le comportement des hommes en société. Mais qu'en est-il exactement ? Hélas, rien n'est plus difficile que de définir la part qui revient à tel ou tel élément dans une évolution complexe qui s'accélère au fur et à mesure que s'accroît le parc de récepteurs de télévision et, avec lui, la consommation quotidienne de programmes de télévision par des multitudes humaines.

Les lois de l'imitation

C'est ici qu'il faut se souvenir d'un sociologue français qui fut longtemps oublié et que l'on reconnaît aujourd'hui comme l'un des fondateurs de la

---

(1) Extrait de la conférence de 1935 intitulée *Bilan de l'Intelligence* : mais on reprend ici l'idée, et souvent les termes, des *Propos sur l'Intelligence*, de 1925. Voir Paul Valéry, *Oeuvres*, Bibliothèque de la Pléiade, T.I., Paris 1962, p. 1067 et 1047-8.

psychologie sociale : Gabriel Tarde (2). Il a étudié la réaction des membres d'une société à ce qui leur apparaît nouveau. Cette réaction est l'imitation, quand l'innovation a du prestige. C'est ainsi que les modes se répandent : par exemple, la mode du tabac et celle du café, comme celle de la drogue qui, après avoir été l'apanage des classes privilégiées, se sont répandues à travers toute la population, désireuse de faire ce que faisaient "les gens biens".

Nous pouvons constater de cent façons aujourd'hui ce genre de phénomène et, du même coup, saisir le rôle des médias dans les manifestations des comportements et des styles de vie contemporains.

Parce que la radio et la télévision proposent des modèles à travers les vedettes, c'est alors comme une traînée de poudre, qui passe les frontières, y compris celles du *rideau de fer,* lorsque celui-ci existait. Car, ainsi que le disait, à cette époque, un fonctionnaire soviétique de l'UNESCO, pour minimiser une objection sur l'absence de liberté d'information qui marquait alors son pays : *N'oubliez pas que nous avons en URSS aussi des transistors* ! La jeunesse des pays de l'Ouest, comme de l'Est, n'a pas tardé à être séduite par la musique et les manières d'être américaines et occidentales. L'influence des médias est bien plus forte que celle des coutumes traditionnelles. Sinon, comment expliquer que les jeunes de nos villages, ou de nos banlieues, soient devenus si semblables entre eux et si semblables aux jeunes des autres pays ?

En fait, une telle influence est plus évidente chez les enfants qui n'offrent aucune résistance aux médias lorsque les parents n'y veillent pas ! Ainsi que le note Bergson : *On observera que l'enfant est imitateur, et ce qui nous paraît chez lui spontané est souvent l'effet d'une éducation que nous lui donnons,*

---

(2) Juge d'instruction à Sarlat pendant une vingtaine d'années jusqu'à sa nomination à Paris en 1884.

sans y prendre garde (3). Le problème, à notre époque, c'est que cette influence, diffuse mais profonde, n'a plus guère la famille ou l'école pour origines, mais bien la télévision, avec la fascination que celle-ci exerce en tout premier sur les jeunes esprits !

Ecoutons encore Gabriel Tarde : *J'entends, par imitation, toute empreinte de photographie interspirituelle, qu'elle soit voulue ou non, passive ou active* (4). Avec, pour conséquences, des effets graves qu'il souligne ainsi : *quand un peuple se met, avec un parti pris systématique, à ne plus reproduire les exemples de ses ancêtres, en fait de rites, d'usages, d'idées, c'est là une véritable dissociation des pères et des fils, rupture du cordon ombilical entre la vieille et la nouvelle société* (5). Ce qui, de nos jours, est nouveau, c'est l'amplification du phénomène qui s'applique, alors, à des centaines de millions d'êtres humains, grâce à leur immersion, plusieurs heures par jour, dans l'océan de la télévision.

---

(3) H. Bergson, *Les deux sources de la morale et de la religion*, Paris, Quadrige/PUF, 1932, p. 292.

(4) Gabriel Tarde, *Les lois de l'imitation*, Paris, Alcan, seconde édition, 1895, p. VIII.

(5) Idm, p. XIV.

Ière partie

-=-=-=-

LE JOURNAL PARLÉ

3 - LE "20 HEURES"

4 - A CHACUN SON METIER

5 - LE QUATRIEME POUVOIR

3 - LE "20 HEURES"

Il est 20 heures. Des millions de Français lèvent le nez de leur assiette : la musique du générique vient d'interrompre les conversations. C'est un peu comme au théâtre lorsque, après les trois coups, le rideau se lève. Une vedette apparaît sur l'écran et retient, en annonçant les nouvelles du jour, l'attention pendant une trentaine de minutes.

Ce sont ces vedettes que les Parisiens ont plaisir à reconnaître dans la rue, ou que les plus favorisés se disputent pour leurs réceptions. Ils jouissent en tout cas d'un prestige incontestable. Mais ne le méritent-ils pas ? Ils parlent, avec aisance, clarté, et savent à point nommé faire intervenir sur l'écran les illustrations dont ils disposent.

Assez régulièrement, ils ont un invité qu'ils interrogent un moment, puis ils passent à autre chose, avant d'achever leur tour d'horizon. Ce sont des virtuoses et l'actualité coule de leurs lèvres comme le miel de la bouche des abeilles. Tel est bien le côté spectaculaire qui marque en France l'information télévisée. Il n'en est pas de même dans les autres pays européens où le journaliste s'efface autant devant l'événement que devant un texte qu'il lit -ou récite- avec neutralité.

Ambiguïté

Nous sommes dès lors conduits à nous demander si l'information donnée par notre télévision l'est sous sa forme la plus utile et la plus approfondie, ou bien si elle ne serait que l'une des mille et une manières de montrer des images en nombre suffisant pour captiver ceux qui recherchent la distraction et la variété dans la distraction. Ne serait-ce pas la vraie raison de tant de reportages d'actualité, plus distrayants qu'instructifs, plus plaisants à l'oeil qu'éclairants pour celui qui veut essayer de comprendre ce qui se passe ? Et la télévision ne viserait-elle qu'à nous distraire à propos de l'actualité et à en tirer du spectacle ?

En fait, nous sommes tellement habitués à *regarder les nouvelles* à la télévision que nous ne nous posons pas la question de savoir si c'est bien la meilleure manière d'être informés. De toute évidence, nous pourrions nous mettre plus rapidement au courant en écoutant une radio. Mais la télévision nous offre des images et c'est pour cela que nous la choisissons. Notre intention n'est donc pas d'abord de nous renseigner sur ce qui se passe, mais de nous distraire à l'occasion des *nouvelles.*

Car il est rare que des événements nous touchent chaque jour, aussi directement que peuvent le faire les grandes décisions des pouvoirs publics, les principaux aspects de la vie économique, la guerre et la paix, les orientations prises par le gouvernement américain ou l'ONU, par exemple. La plupart des *nouvelles* qui remplissent les journaux télévisés n'ont, bien souvent, qu'un intérêt éphémère.

Beaucoup de bruit pour rien.

Cet état de chose est tout simplement la répercussion sur la télévision d'une évolution qui a commencé, il y a bien longtemps, avec la presse. On ne relit pas sans quelque nostalgie la déclaration par laquelle, dans son numéro *un*, le premier journal américain définissait son rôle : *Il est prévu que l'on fournira au Pays une fois par mois (ou si quelque surabondance d'événements se produit, plus souvent) un compte rendu de telles choses considérables qui seront venues à notre attention* (1).

---

(1) le 25 septembre 1690.

Mais, au cours des siècles, et tout particulièrement au XIXe, la taille des journaux devenus quotidiens a beaucoup augmenté et ils n'ont plus traité seulement de *choses considérables.*

Nos stations de radio ont pris l'habitude de se modeler sur cet exemple et de *gonfler,* elles aussi, leur journal. La télévision, survenant alors, ne pouvait faire moins !

Mais que vaut l'abondance des *nouvelles* que l'on nous donne? On pourrait dire qu'elle est excessive et insuffisante. Excessive parce qu'il y a trop de faits divers, trop de nouvelles qui n'ont aucun intérêt sinon de pure curiosité. Mais insuffisante aussi parce que trop de choses sont passées sous silence, aussi bien de la vie de la province que de celle du monde. Cela n'est pas vrai seulement du journal télévisé, mais aussi des documentaires, alors que, chez nos voisins européens, une large place est faite aux événements de leur pays, comme à ceux de la planète. Chez nous, il faut un choc pétrolier ou les jeux olympiques pour que nous regardions un peu hors de nos frontières. Si l'Afrique bouge, en dehors de l'endroit où nous avons des troupes, si l'un de nos partenaires du Marché Commun bascule d'un gouvernement à un autre, nous en sommes avertis sans grandes explications. Mais qu'un de nos hommes politiques lance une petite phrase, alors on nous en fait tout un plat en attendant qu'il vienne s'en expliquer longuement sur nos écrans. Pourvu qu'elle ait lieu à Paris, on ne manque pas de nous annoncer une tempête dans un verre d'eau et de nous la commenter largement.

La règle du jeu.

L'histoire, telle que la télévision l'évoque au grand jour, est une histoire anecdotique. Elle n'est pas l'histoire profonde, celle de l'évolution du monde et de nos conditions de vie, que nous aurions effectivement intérêt à comprendre. Et quand la télévision évoque cette histoire-là, c'est à l'occasion d'un incident de parcours, d'un remous plus apparent, d'une explosion plus ou moins dramatique qui nous remettent au niveau de l'histoire événementielle. Il faudrait alors que des commentaires nous soient donnés et que l'événement soit l'objet d'une explication sur le fond des choses. Mais ce n'est pas, semble-t-il, l'affaire de notre télévision, car elle ne saurait alors trouver facilement des images à nous faire voir et ce sont justement des images qu'il faut pour l'écran. Autrement dit, le journal télévisé est soumis à une *règle du jeu* qui contredit les exigences d'une information en profondeur. Cette *règle du jeu* porte à retenir ce qui est spectacle, privilégiant ainsi ce qui est visible sur ce qui est invisible. C'est-à-dire sur ce qui est plus important et plus réel.

Alors, pourquoi suivre un journal télévisé ? Parce qu'on est installé devant le récepteur et qu'on ne va pas l'éteindre pour écouter un poste de radio au moment du "13 heures" ou du "20 heures" ! Cette sorte d'intermède est plutôt un moment de détente entre la série humoristique ou le jeu qui ont précédé, et le film qui va suivre après quelques amuse-gueules publicitaires. D'où l'importance de réussir le spectacle du journal, car il faut retenir les téléspectateurs afin d'obtenir un bon *Audimat* du *prime time*, pour parler le jargon médiatique.

Ce besoin de traiter l'actualité dans le langage propre à la télévision nous a pourtant valu la fameuse émission *Cinq colonnes à la une* de Pierre Desgraupes qui, grâce à des équipes enthousiastes, a su présenter des documents étonnants. Le monde a dû beaucoup changer, les événements se banaliser et les hommes s'affadir ... mais nous avons heureusement *Envoyé Spécial* sur France 2 et *La Marche du Siècle* sur France 3.

Reste une routine à laquelle on sacrifie. Si donc nous avions un peu d'esprit critique et d'énergie, nous passerions souvent de la télévision à la radio et même de la radio au journal, et encore au journal le plus sobre dans sa présentation de l'actualité, afin de ne pas perdre à nous surinformer le temps qui conviendrait mieux à autre chose. Car une ou deux minutes sur un sujet venant après une ou deux minutes sur un autre ne peuvent, au bout de la semaine, améliorer beaucoup notre information sur la manière dont va le monde.

Quand rendra-t-on à la télévision le pouvoir de nous informer en nous *plongeant* vraiment dans les problèmes des autres hommes au lieu de nous faire traverser en courant leur vie et leur mort ?

Un journaliste comme les autres.

Nos journalistes de la télévision bénéficient d'un véritable culte de la personnalité. Nous préférons un tel, parce qu'il semble affecté par les choses dont il parle et nous communique son émotion, tel autre parce qu'il a une présence à laquelle rien de résiste ou parce que, avec sa bonne mine, on se sent bien dans... sa peau. Ce que nous aimons en eux, c'est l'orateur de talent qui nous rend visite et qui, à trois ou quatre mètres de notre assiette ou de notre fauteuil, nous raconte des choses curieuses, inattendues ou... très attendues, pittoresques, dramatiques ou navrantes.

Chacun d'eux est un spécialiste de l'action oratoire, c'est-à-dire de la mimique, des attitudes, des gestes, du ton de voix, les autres parties de l'art oratoire telles que les distinguait l'ancienne rhétorique revenant surtout à l'équipe qui fournit les nouvelles, les documents, aide à choisir et à ordonner, bref, en prépare la formulation.

Dur métier, à vrai dire, et pour lequel tout le monde n'est pas fait. Comment en vient-on à l'exercer ? Il n'existe pas, pour cette fonction qui touche des millions de Français, de concours de recrutement, ni de règles d'avancement. C'est le cas de dire avec La Bruyère : *Le métier de la parole ressemble en une chose à celui de la guerre ; il y a plus de risque qu'ailleurs, mais la fortune y est plus rapide* (2). L'auteur des *Caractères* visait les prédicateurs à la mode, dont le sermon, dit-il, était *devenu un spectacle* et pour lesquels la gravité évangélique était *suppléée par les avantages de la mine, par les inflexions de la voix : sorte d'amusement entre mille autres.* Les Français n'ont pas changé ; aujourd'hui, c'est la vedette de la télévision qui hérite du prestige acquis sous Louis XIV par le prédicateur à la mode. La question se pose donc en France de savoir si le journaliste de télévision peut être un journaliste comme les autres, ses confrères de la presse écrite.

En liberté limitée.

La liberté du journaliste de télévision peut toutefois être limitée de deux façons, soit par la censure (3), soit par la précarité même de ses fonctions. Il existe certes en France un statut du journaliste, une convention collective, des organisations syndicales ; il n'empêche que le journaliste dépend de sa direction, non seulement pour son emploi, mais aussi pour le niveau de responsabilité qu'il lui sera donné d'exercer et pour la durée de cette responsabilité. Cet aspect des choses est d'autant plus délicat à aborder qu'il n'existe de déontologie que floue, alors que, pour cette fonction, les conditions de recrutement se rapprochent beaucoup de celles de la cooptation. Lorsque l'on a pu se hisser au sommet, encore faut-il y rester ! Ce n'est nullement critiquer nos journalistes que dépeindre ainsi la fragilité de leur situation. Comme les élus du suffrage universel, ils savent que leur *mandat* ne sera pas long, et qu'il risque de n'être pas renouvelé. Mais ils savent aussi qu'à la différence

---

(2) La Bruyère : *Les Caractères*, XV, 15.

(3) Comme le démon, la censure est *légion* ; le pouvoir politique, la hierarchie administrative, le besoin de faire du spectacle pour maintenir l'audience, les corporatismes et autres puissances auxquels il ne faut pas déplaire, les amis et les copains à qui l'on veut être agréable, les pairs que l'on ne veut pas inquiéter, etc..

de celui des élus, il peut être interrompu avant le terme fixé. Prudence est, dit-on, mère de sûreté ! C'est ainsi que notre télévision est paralysée par ce que l'on n'ose pas dire et ce que l'on n'ose pas faire.

Ce que l'on n'ose ni dire ni faire.

La prudence, qui fait passer sous silence d'importantes questions dont le téléspectateur devrait être informé, empêche de l'informer toujours de manière à l'éclairer le mieux possible.

Dans les querelles partisanes qui semblent être l'essentiel de la politique française, le journaliste de la télévision se préoccupe trop souvent de ne pas mettre le doigt entre le bois et l'écorce. Le plus sûr pour lui est, d'abord, de faire plaisir à tout le monde, en rapportant et en commentant abondamment les duels de fractions rivales ou de leaders nationaux, comme si, chaque fois, l'avenir du pays en dépendait. C'est le type même de l'information qui n'en est pas. Que l'on nous relate les débats internes d'un parti ou d'une coalition, fort bien, car cette information est nécessaire. Mais qu'on les *gonfle* artificiellement, qu'on les présente comme essentiels, on ne saurait l'admettre. La vie politique de la nation ne se résume heureusement pas à cela.

Il est une perversion, plus grave, qui consiste, pour le journaliste, soit à servir de faire-valoir à son interlocuteur, soit à se laisser dominer par lui.

Un autre défaut est de présenter, -comme à la *queue leu leu*- des interviews contradictoires, au cours de la même émission, sans aucun lien ni explication entre elles. Le journaliste s'estime libéral qui procède ainsi. Il serait bien étonné que l'on prétendit le contraire et pourtant il s'agit-là d'une grave faute professionnelle car le journaliste digne de ce nom, ne saurait se satisfaire de limiter son rôle à la présentation du micro ou de la caméra à son invité ! Ne serait-il pas préférable qu'il expose -dans le cadre de l'émission- les thèses en présence, et qu'il les explique objectivement pour bien remplir son rôle de présentateur ?

Thomas Ferenczi, dans un article du *Monde* a résumé cet aspect des choses : *Entre la fiction militante et le document prudent, on doit trouver un moyen terme.* Il arrive que les journalistes, en essayant de tenir la balance égale entre les différentes tendances, ne se rendent pas toujours compte qu'en ce domaine l'impartialité est plus affaire de bon sens que d'arithmétique.

Rien n'est plus trompeur, en effet, que ces comptabilités de temps de parole accordés aux uns et aux autres . Jean-François Revel l'a remarqué : *La véritable liberté ne découle pas du temps que l'on accorde à l'opposition, fût-il généreusement compté, si c'est le gouvernement qui en décide. En outre, les oppositions installent leurs censeurs dans un tel système, naturellement générateur de forteresses, de coteries, de plans, de réseaux. Deux censures compensées ne font pas une vérité.*

La leçon la plus claire et la plus constante, retenue par qui observe les télévisions chez nos voisins, est qu'il en va autrement chez eux. Il ne devrait donc pas être difficile de faire, chez nous, ce que -grâce à des institutions diverses, mais d'esprit semblablement démocratique- ils font si naturellement chez eux. En ce domaine, il faut bien reconnaître que la France fait exception.

La guerre des images.

L'influence de l'évolution des technologies de communication : de la guerre de Corée (1950) à la guerre du Golfe (1991).

Si les questions de fond demeurent, si le métier de journaliste garde toute sa grandeur et toute son importance, les progrès accomplis en matière de communication ne permettent plus de le considérer de la même manière qu'il y a seulement vingt ans.

Il semble bien que la technologie n'ait apporté aucune réponse aux questions de déontologie que se posent les journalistes, mais l'évolution technique a transformé en profondeur leurs conditions de travail. Olivier Berthault décrit (4) cette révolution en comparant la *couverture médiatique* des deux événements majeurs que furent la crise de Corée et la Guerre du Golf.

Il note que, lors de la guerre de Corée, *les premiers à rendre compte des événements militaires sur le terrain furent les journalistes des agences de presse basés à Séoul. (...) Du fait de la totale désorganisation des moyens de communication, les correspondants devaient prendre l'avion pour le Japon afin de transmettre leurs messages. (...) Le théâtre coréen est le lieu d'un des derniers conflits de ce siècle à avoir été couvert de manière quasi-exclusive par la presse écrite. Le télégraphe y trouva une de ses dernières heures de gloire : il fut le moyen de communication du terrain vers les rédactions le plus employé par les médias (...)*

L'image avait toujours "un train de retard", ou plutôt un avion. Les films des agences d'actualités, acheminés par transport aérien, arrivaient dans les salles plusieurs jours après avoir été tournés. La radio butait sur le même obstacle : les liaisons radio étaient peu courantes, et le téléphone n'avait pas à l'époque de réseau universel.

Quarante ans plus tard, dans la nuit du 16 au 17 janvier 1991, les forces de l'ONU lançaient leur attaque contre les Irakiens. Lisons à nouveau Olivier

---

(4) Olivier Berthault : "Communication et média", *Le communicateur*, n° 16, 1992, p. 79 et suiv. (sous la direction de Jean Pierre Chamoux).

Berthault : *Cela va être l'occasion du plus long "direct" de l'histoire de la télévision française. La presse écrite est battue ; elle a beau multiplier les éditions pour "coller" à l'actualité, elle ne peut lutter contre la télévision, qui a été au cours de cette crise, le média de référence pour la grande masse des Français. (...)*

Au cours du conflit, la télévision a donc travaillé "en temps réel", en direct, ce qui a eu deux types d'effets :

- l'absence de recul interdisait la vérification des informations, ce qui a eu pour conséquence qu'un certain nombre de faits énoncés étaient erronés ;

- il fallait des images immédiates pour meubler l'antenne ; les journalistes étaient loin du front, ils se sont donc filmés eux-mêmes sur des terrasses d'hôtels. La valeur ajoutée de l'image a été assez faible au cours du conflit.

Par ailleurs, les seules images de "guerre" émanaient d'organismes extérieurs aux médias, souvent des services de relations publiques des armées, et n'étaient pas diffusées en direct. D'où des suspicions sur l'objectivité de l'image, et de nombreuses accusations de propagandisme. (...)

Une autre *évolution est venue du téléphone dont le réseau est maintenant presque universel grâce aux câbles sous-marins et aux satellites qui relient les continents, ainsi* qu'à *la compatibilité entre les réseaux (...). C'est un moyen de transport de la parole et non plus de l'écrit. Cela marque le début d'une nouvelle phase où le développement de médias audiovisuels va de pair avec la mise en place de moyens de communication de l'image et du son. L'innovation technologique majeure, dans ce domaine, est le satellite, qui a permis les premiers "directs" intercontinentaux. (...)*

Pendant la guerre de Corée, l'image était sur support chimique et voyageait par avion. Avec la vi-

déo et le satellite, l'image s'est dématérialisée et elle a accru sa vitesse de diffusion. Actuellement, toutes les grandes agences d'images d'actualité disposent de canaux satellite loués en permanence. La grande révolution dans ce domaine, a concerné surtout les moyens mobiles d'émission. (...)

Concluons, sur ce point, avec Dominique Wolton décrivant la situation des journalistes sur le front irakien : *La pression à l'antenne était telle qu'ils n'avaient plus le temps d'aller aux sources de l'information. La logique aurait voulu qu'on fasse un "break" et qu'on aille chercher la confirmation de ce qu'on disait, mais tous étaient pris dans le tourbillon de ces premiers directs* (5). C'est ainsi qu'*en voulant abolir le temps et être partout à la fois, on a aboli l'information qui demande du temps et des efforts pour être honnête !*

Eric Conan émet le même avis : *Alors que le maître-mot du journalisme d'opinion était l'indépendance, et celui du journalisme d'enquête la révélation, celui du journalisme de communication est la rapidité.* (6).

L'attitude des journalistes britanniques est empreinte d'une grande rigueur selon les déclarations faites au *Nouvel Observateur* (7) par Andreas Whittam Smith, fondateur à Londres, en 1986, du journal *The Independent.*

« **N.O.** - "The Independent", diffusé à 400 000 exemplaires, est bénéficiaire. Et votre lectorat est jeune : le quart a moins de 25

---

(5) D'après *War Game* de Dominique Wolton ; cité par Olivier Berthault dans "Communication et média", *Le communicateur*, n° 16, 1992, p. 85.
(6) Revue *Esprit*, citée par Olivier Berthault dans "Communication et média", *Le communicateur*, n° 16, 1992, p. 86.
(7) *Le Nouvel Observateur*, 15-21 Octobre 1992, propos recueillis par Philippe Gavi.

ans, la moitié moins de 34 ans. Quelle est votre recette ?

« ***Andreas Whittam Smith***. - *Les journalistes anglais, si l'on se réfère aux sondages, ont aujourd'hui une image aussi exécrable que les bookmakers et les politiciens. La presse à scandales est la première responsable : les gens la lisent en même temps qu'ils la désapprouvent. Mais elle agit en toute impunité puisque, en Angleterre, la loi n'interdit ni les écoutes téléphoniques, ni ne sanctionne les atteintes à la vie privée des personnes publiques. Nous, nous nous sommes refusés à couvrir les frasques de la famille royale, jusqu'au moment où elles ont tellement scandalisé la nation que le problème est devenu politique.*

« **N.O.** - Vous êtes à l'origine d'une charte de déontologie ? Pourquoi cette initiative ?

« ***A. Whittam Smith***. - *Il y a deux ans, nous avons craint le vote d'une loi rendant obligatoire un droit de réponse à tout article critique, si les journaux continuaient de faire cavalier seul, sans afficher leurs règles déontologiques. Voilà pourquoi onze d'entre eux ont signé cette charte en dix points -où chaque cas de figure est examiné : droit de réponse, circonstances dans lesquelles on peut s'introduire chez quelqu'un ou aborder une famille éplorée, etc...*

« **N.O.** - Qui veille au respect de la charte ?

« ***A. Whittam Smith***. - *Nous avons nommé un ombudsman, un inspecteur général de l'administration à la retraite, M. Gordon Downey. Chaque lundi, nous rappelons son existence à nos lecteurs. Et ceux-ci ne se privent pas de lui écrire : une centaine de lettres par semaine !*

« **N.O.** - Mais vous imposez à votre rédaction des règles qui frisent le puritanisme ?

« ***A. Whittam Smith***. - *Elles sont effectivement rigoureuses. Nos journalistes ne sont autorisés à accepter une invitation à un voyage qu'à la seule condition de payer leur transport et leurs frais de séjour. Lorsque le ministre de la Défense nous a invités en Arabie saoudite, nous avons payé notre quote-part. Quant aux journalistes économiques, ils ne peuvent acheter des actions, sauf accord de leur service. Une simple invitation à déjeuner d'un PDG ne pose pas de problème car elle peut être rendue. Un principe donc : nous refusons tout ce que nous ne pourrions pas rembourser.*

« *N.O.* - vos journalistes peuvent-ils être engagés politiquement ?

« ***A. Whittam Smith.*** - *Aucun membre de notre rédaction appelé à exprimer une opinion ne peut être membre actif d'un parti ou d'un mouvement, fût-il vert. Nos lecteurs ne doivent pas douter de notre indépendance. Aussi, à la création du journal, aucun actionnaire ne pouvait posséder plus de 15 % de son capital. Depuis, nous avons enfreint ce principe pour faire entrer, à 18 %,* "El Pais" *et* "la Repubblica".

« *N.O.* - La télévision vous fait-elle concurrence ?

« ***A. Whittam Smith.*** - *Nous vivons plutôt en osmose. Les journaux à scandales ont choisi, eux, pour distraire leurs lecteurs, de rivaliser avec le petit écran. Nous, nous faisons autrement. Cela dit, nos lecteurs sont frustrés si nous restons silencieux sur un sujet que la télévision a poussé. Elle a déplacé une équipe de tournage, c'est important !*

« **N.O.** - Vos journaux sont moins chers et plus copieux que les nôtres. Comment expliquez-vous la bonne santé de la presse britannique ?

« ***A. Whittam Smith.*** - *Nos principaux quotidiens nationaux totalisent une diffusion beaucoup plus importante qu'en France mais, contrairement à vous, nous n'avons pas de news magazines. Pourquoi ? Outre que les Anglais n'ont pas de goût pour l'idéologie, notre presse nationale couvre l'actualité de l'ensemble du pays. Si bien qu'elle concurrence les journaux régionaux. En France, la presse nationale est d'abord parisienne et ne donne pas autant de place que nous au sport par exemple - qui intéresse nos lecteurs. Chez vous, un journal comme* "Le Monde" *estime que ce n'est pas un sujet pour des gens sérieux. Et l'ensemble de vos quotidiens accorde une importance exagérée aux pays du tiers-monde, et à la politique. Ils ne donnent pas assez d'informations sur ce qui se passe en France. Qu'est-ce qui intéresse notre lectorat quand on parle d'un pays étranger ? La vie quotidienne et culturelle. De quoi voudra discuter un de nos lecteurs assis à table à côté d'un Français ? Pas de M. Pasqua, ni des divisions à droite ou à gauche, mais de la rénovation des Champs-Elysées, des prisons, du système éducatif...»*

Au coeur du débat déontologique.

Serge July, quelques semaines plus tard, s'exprimait ainsi (8), en écho aux propos de son confrère britannique : *Alimentant le débat déontologique de manière quotidienne, l'information se retrouve naturellement exposée. Ce n'est que justice. Ce mouvement n'est évidemment pas d'une pureté cristalline. Il est suscité par l'ampleur des déréglements et par le développement, sous l'impulsion de la télévision commerciale et de l'idéologie publicitaire, d'une conception volontiers spectaculaire de l'information qui, lors de tous les grands événements de ces dernières années, aura provoqué des dérapages professionnels auxquels sont attachés les noms de Grégory, de Timisoara et de Bucarest, du Golfe et de bien d'autres. (...) L'information est aujourd'hui menacée d'un krach de la confiance, équivalent à ceux qui se produisent parfois sur les marchés boursiers. D'autant que l'information est en effet concurrencée, dans ses moeurs et dans ses méthodes, par le phénomène dévorant de la communication ; communication d'entreprise et communication politique dont les fonctions sont de* " faire passer le message ". *(...) Les frontières sont devenues si floues entre information et communication que les hommes chargés de* "faire passer le message" *jouent de ces zones indistinctes pour exercer leurs talents d'influence. Cela ne fait pas forcément des journalistes entraînés dans le jeu des invitations et des voyages gracieux des corrompus, mais cela nourrit certainement la suspicion légitime des lecteurs et des téléspectateurs à l'égard d'une profession placée, par vocation, au coeur du débat déontologique et dont la crédibilité est le véritable fonds de commerce. C'est pourquoi les médias doivent veiller à tracer des lignes de démarcation claires entre l'information et ce qui n'en est pas. Il ne suffit pas d'informer, encore faut-il délivrer au con-*

---

(8) "Au coeur du débat déontologique", *Libération*, 18 novembre 1992, p. 9.

sommateur les labels de qualité et les certificats de garantie. L'avenir de la presse dépendra des règles professionnelles que chaque entreprise journalistique saura s'imposer et qui seront naturellement portées à la connaissance du public. Cela aussi fait partie de la responsabilité des médias.

«Effet boomerang»

Le même 18 novembre 1992, Edwy Plenel définissait dans *Le Monde* les principes sur lesquels devrait s'appuyer toute déontologie concernant la presse (9) : *Les journalistes ne sont certes pas des élus de la nation. Mais leur pouvoir, surtout quand il s'accompagne d'une grande notoriété, les loge parfois à même enseigne auprès de l'opinion (...) Le refus légitime d'un absolutisme moralisant qui, en édictant le bien et le mal, voudrait entraîner politiques et journalistes dans un même bain purificateur, n'empêche pas de s'interroger sur l'impact de cet effet boomerang sur le crédit d'une profession. Un journaliste a évidemment le droit d'avoir des amis, hommes d'affaires compris. Mais quand, entre un homme politique (...) et un journaliste, l'argent se glisse, fût-ce sous forme de cadeaux, les repères se brouillent. Mais ne faut-il pas aller au-delà ? Et en revenir à ce qu'écrivait Pierre Viansson-Ponté en 1970 en prologue à son* "Histoire de la République gaullienne" *à propos du métier de journaliste :* "Connu de tous, familier de beaucoup, il ne peut, il ne doit être l'ami d'aucun".

---

(9) "Effet Boomerang", *Le Monde*, 18 novembre 1992, p. 10.

4 - A CHACUN SON MÉTIER

La télévision est vraiment devenue en France le champ clos des affrontements politiques. Les Français ne savent guère ce qui se passe au sein de leurs deux Assemblées parlementaires (Assemblée nationale et Sénat). En général, ils n'en suivent pas les débats. Surtout lorsque ceux-ci sont retransmis en direct. Et pour cause, car il n'est rien de plus éloigné du *style audiovisuel* qu'un débat parlementaire. Mais ils se passionnent, par millions, pour les discussions entre leaders politiques à condition que celles-ci soient retransmises sur leurs *étranges lucarnes.* En période d'élections, restreint est le nombre de ceux qui se déplacent pour assister aux réunions électorales, mais considérable, celui des téléspectateurs qui, sur leur écran, épient la tête, la mimique, le ton de celui-ci ou de celui-là. Il semble que toute notre vie politique se soit déplacée de ses supports naturels à cette tribune omniprésente (1). La télévision est devenue le lieu principal des combats partisans, reléguant au second plan les journaux qui ne peuvent de toute façon exercer une attirance aussi puissante.

La mainmise de la politique sur l'information

Cette situation de la télévision française par rapport à la politique n'échappe à personne. Les responsables des partis ont mis plus longtemps qu'en d'autres pays à le comprendre, mais ils savent bien, maintenant, l'impact formidable que peut avoir le message politique télévisé.

---

(1) La mise en scène des meeting politiques ressemble de plus en plus à un spectacle de télévision : générique, plateau, journaliste faire-valoir, grand écran ; à quand les applaudissement commandés de la *Roue de la Fortune ?*

On ne peut soupçonner nos leaders nationaux de vouloir *violer les citoyens* au sens où l'entendait Serge Tchakhotine dans un livre qui fait encore autorité : *Le viol des foules par la propagande politique* (2). Observons simplement que nos hommes publics veulent profiter au maximum d'une influence dont ils constatent le pouvoir sans toujours -et c'est ce qui pourrait les excuser- en mesurer l'effet dans toute son ampleur. Ils voient leur avantage immédiat dans une lutte au jour le jour et au coup par coup, ou plutôt au coup pour coup.

La télévision leur apparaît comme un incomparable miroir qui reflète leurs faits et gestes, sous l'angle le plus favorable, avec une apparence de vérité pure et simple. Elle s'offre ainsi à eux comme un moyen privilégié d'action sur les foules. Ils veulent donc être à la fois les producteurs, les metteurs en scène et les vedettes du spectacle politique. Ce qu'ils désirent, c'est faire passer *leur* message, en donnant *leur* version des faits, *leur* explication des événements et *leurs* prédictions pour l'avenir.

Que l'on ne vienne pas objecter l'existence de débats contradictoires grâce à une brochette de personnalités de gauche face à une brochette de droite ! Ce qui compte pour les acteurs de ce genre de spectacle, c'est de gagner aux points, non pas d'informer les téléspectateurs qui, dans leur fauteuil, vibrent, eux aussi, pour leur champion et comptent les coups plutôt qu'ils ne réfléchissent sur ce qu'ils voient et entendent.

Ailleurs, la politique à la télévision.

Cette situation évidemment anormale, est-elle propre à la France ? Nous serions tentés de répondre non, puisque nous estimons n'être pas plus mauvais

---

(2) Gallimard (NRF), Paris, 1939, 270 p.

que les autres et puisqu'une telle mainmise de la politique sur la télévision peut nous paraître le résultat évidemment regrettable, mais pratiquement inévitable, de la rencontre de l'une et de l'autre.

En réalité, il semble bien que nous ayons sur ce point un certain privilège. Ne parlons, bien sûr, que des nations démocratiques. Il va sans dire que les pays soumis à une dictature de droite ou de gauche ont une télévision purement et simplement officielle, ce qui est tout dire. Ils n'ont rien à nous apprendre ici, sauf la limite à ne pas atteindre.

Mais regardons d'abord les Etats-Unis. Que ne dit-on pas des inconvénients de leur télévision parce qu'elle est aux mains de sociétés commerciales. Et pourtant cette télévision réussit le tour de force de donner une information politique intérieure et extérieure de qualité. Elle prend également parti dans les débats sans pour autant susciter les tollés qu'auraient à subir nos journalistes de télévision si d'aventure ils voulaient avoir la même indépendance d'esprit, de jugement et d'attitude que leurs confrères d'outre-Atlantique.

S'il faut que l'information sur la vie politique à tous ses niveaux -local, départemental, régional, national, international- soit politiquement traitée, nous devons admettre qu'elle devrait l'être par les journalistes et non par les hommes politiques. En l'occurence ceux-ci ne pourraient qu'être juges et parties en ne présentant que des plaidoyers. Mais, pour ces plaidoyers, ils ont d'autres tribunes prévues à cet effet. L'information politique est autre chose. A chacun son métier !

Que nos hommes politiques disposent de temps d'antenne à la radio et à la télévision pour faire connaître leur action, leurs propositions, c'est indispensable. Mais ils n'ont pas -comme cela se pratique quasi quotidiennement en France- à déborder sur les journaux parlés ou télévisé au risque de les accaparer sous couleur d'information, pas plus qu'ils n'ont

-lors d'interviews- à se dérober ou à détourner les questions, même si celles-ci sont gênantes.

Le goût de la vérité, chez nos voisins anglais, et le courage de leurs dirigeants qui ne la leur cachent pas, n'est pas une nouveauté. La BBC s'est acquis ses lettres de noblesse durant la guerre de 39-45 en ne dissimulant aucun revers et en rendant compte *in extenso* des discours de Churchill qui promettait aux Anglais *des larmes et du sang*, alors que, peu de temps auparavant, on clamait sur les antennes françaises : *Nous vaincrons parce que nous sommes les plus forts*, ou encore parce que *la route du fer est coupée*. Les choses ont, chez nous, peu changé...

En Suisse, les dirigeants politiques n'apparaissent que très rarement et à titre vraiment exceptionnel sur le petit écran.

Au Canada, c'est la tradition anglo-saxonne qui l'emporte, avec le respect des faits comme tels, mais aussi du pluralisme des opinions. Denise Bombardier, dans son ouvrage *La Voix de la France*, (3) s'étonne que règne en France le mélange des genres à l'intérieur du journal télévisé, *mélange qui a comme conséquence l'absence de frontière entre la nouvelle et le commentaire de celle-ci* (4). De là les conditions inconfortables dans lesquelles travaillent les journalistes français : *Les risques sont donc, d'une part de ne traiter la nouvelle que sous un angle et de réduire les points de vue sur la question. Cette pratique rend également les journalistes plus vulnérables aux attaques de non-objectivité et les oblige à marcher sur la corde raide. Elle peut donc avoir des répercussions sur le climat de travail et favoriser davantage l'autocensure* (5).

---

(3) *La Voix de la France*, Robert Laffont.

(4) Page 194.

(5) Page 195.

La journaliste canadienne explique ensuite que l'organisation de la télévision est totalement différente au Canada où trois services coexistent dans les journaux télévisés : les nouvelles, les émissions d'actualité et les affaires publiques. A l'appui de cette démonstration, elle expose comment est traitée une question à la télévision québécoise : *Le service des nouvelles assure la "couverture" de la nouvelle. Le service des émissions d'actualité envoie une équipe sur place pour faire un reportage qui cherche avant tout à aller au-delà de l'actualité, c'est-à-dire à mettre en lumière les causes de la crise étudiée. Et le service des affaires publiques pourra alors présenter un dossier de trente à soixante minutes sur le fond de l'affaire.* (6).

Denise Bombardier observe encore que ce système est également celui de la presse écrite en France. Sur un événement donné, nous trouvons dans nos journaux des articles qui l'exposent, un éditorial qui le commente, des reportages ou des dossiers qui l'analysent, les opinions des leaders politiques qui y réagissent.

Mais en France -sous l'influence de l'audiovisuel qui exacerbe nos moeurs ancestrales-, l'adversaire politique n'est pas l'homme avec lequel on discute afin de mieux voir où est le bien public. Il est l'obstacle à écarter, le mal absolu à éliminer, le porte-parole de l'erreur qu'il faut réduire à l'impuissance. Nous sommes tellement doctrinaires que, par moment, nous atteignons presque au fanatisme politique. Les opinions politiques sont, pour nous, trop souvent, des dogmes auxquels nous sacrifions le respect du aux personnes. Parce que dans les conflits d'idées nous ne songeons qu'à la théorie et non aux personnes que ces idées sont supposées servir, nous cédons vite à l'esprit partisan en nous appropriant une autorité qui devrait ne nous venir que de l'assentiment lucide et libre des esprits.

---

(6) Page 194.

La puissance médiatique.

Chacun est bien conscient que nous sommes entrés dans un monde nouveau, caractérisé par la puissance médiatique. Mais peu savent que ce monde est si nouveau ! Un des effets les plus évidents de cette puissance consiste dans la manière dont l'autorité s'acquiert désormais. Frédérique Hebrard peut écrire dans son roman *Le Mari de l'Ambassadeur* (7) -adapté pour le petit écran- : *A la télévision, il suffit de plaire pour convaincre ; la force appartient à celui qu'on voit.* Tandis que, dans son livre *La Médiacratie*, François-Henri de Virieu -l'homme qui a créé L'Heure de Vérité- présente une analyse quelque peu inquiétante de la puissance des médias : *Nous entrons sans l'avoir voulu, dans un nouvel âge de la démocratie, à la fois fascinant et inquiétant : la médiacratie. En effet, le problème de fond c'est l'influence des médias sur l'évolution du monde : mais nous savons bien que l'opinion est maintenant totalement maîtresse du jeu* (8).

Il faut songer, en outre, à l'immensité de l'espace de communication qui résulte du développement de tant de réseaux, à l'aube du XXIe siècle ; nous voilà enveloppés dans un vaste filet. Pour la majorité des hommes, la télévision est devenue la source principale de la connaissance. La responsabilité de l'audiovisuel pour l'information est donc considérable. Mais il nous faut savoir -comme le rappelle Henri Amouroux-, que *l'image est tout à la fois réductrice des faits et manipulatrice de l'opinion* (9). Pour le citoyen, le problème est donc d'échapper à l'emprise de la puissance médiatique, afin de conserver une liberté de jugement et de découvrir la réalité des choses, derrière la mise en scène. Il faudrait, pour qu'il en

---

(7) *Le Mari de l'Ambassadeur*, Flammarion, 1990, p. 81.

(8) *Médiacratie*, 1990.

(9) Communication à l'Académie des Sciences morales et politiques - 16 mars 1992.

soit ainsi, faire appel à ce que Jacques Rigaud nomme une "éthique des médias" : elle consisterait, selon lui, à *décripter le langage codé des politiques, avec la rigueur comme loi impérieuse.*

Hélàs, le temps des vraies fausses images est arrivé : c'est ainsi que la télévision peut délibérément mentir. En direct. On ne peut donc plus croire tout ce que l'on voit. Mais alors, quelles peuvent en être les conséquences ? Les spécialistes estiment que nous sommes, de façon insensible mais réelle, passés de l'autre côté du miroir, dans un monde ou *l'image n'est plus ce qu'elle était, relais massif et franc de la réalité, s'inscrivant sur du papier, de la pellicule ou un écran. Nous baignons désormais dans des images dites synthétiques, un univers qui, chaque jour, nous imprègne un peu plus : au travail avec les micro-ordinateurs, à la maison avec une télévision où l'on finit par ne plus très bien discerner ce qui est le fruit du regard ou celui d'un obscur labeur électronique.* Ainsi s'exprime Daniel Garric, spécialiste de cette question.

On connaît l'affaire de Timisoara. Mais, il en est d'autres. En voici trois, prises comme exemples au début de la guerre du Golfe et qui, toutes, eurent une influence sur l'évolution de l'opinion publique internationale :
- la Cinq, le 18.01.91, à 22h52, présente des images des mollahs au Sud Liban, mais introduites dans un reportage sur les manifestations à Alger ;

- RFO-Réunion, le 17.01.91, annonce que le *tiers* de Bagdad serait détruit et que 300 000 Irakiens auraient été tués ;

- TF 1, le 24.01.91, à 13h25, utilise les images d'une même manifestation présentée à quelques minutes d'intervalle, comme se déroulant à Jérusalem, puis à Bonn.

Comme le rappelait Etienne Mougeotte : *Oui, la télévision pèse sur le cours des événements. Oui, l'image peut mentir. Oui, la volonté de manipuler par la télévision sera l'un des maux de la décennie* (10).

En définitive, nous vivons dans un univers à deux dimensions. Celui que nous connaissons ; de notre vie quotidienne, de notre travail ; celui qui est tout imprégné de nos joies, de nos espoirs, de nos inquiétudes, de nos souffrances. Et puis, celui que d'autres nous restituent sur le petit écran.

En écho à cette constatation, la revue *Télérama* avait demandé ses réflexions au Cardinal Lustiger : *l'information devrait développer la rationalité,* avait-il répondu, *mais elle a provoqué l'inverse, comme si la raison dans les pays démocratiques avait basculé sous les vagues des images, de l'affectivité et des passions. Les sentiments collectifs les plus irrationnels sont soudain réveillés, d'autant plus redoutables qu'ils sont amplifiés par les moyens instantanés de communication. Les passions ont des racines plus puissantes que la raison. La raison donne une certaine liberté. Dans la mesure où elle critique, elle aide à prendre de la distance, alors que l'immersion dans le sensible peut rendre fanatique ou fou. (...) Quand l'information devient un produit à vendre et donc à capter de l'auditoire pour faire de l'argent, les spectateurs, comme les producteurs d'images sont embarqués dans un bateau ivre. Même ceux qui le pilotent sont-ils maîtres de l'ensemble ?* (11)

La confusion des genres ne s'arrête du reste plus aux portes des domaines du politique et du journalisme, chacun voulant prendre dans le métier de l'autre ce qui peut le servir pour assurer sa promotion. Ce sont maintenant les *variétés* qui traitent de l'information. Et pas dans n'importe quel style, ni de n'importe quelle façon.

---

(10) *Le Figaro*, 11 septembre 1990.

(11) *Télérama* n° 2146, propos recueillis par J Cl. Raspiengeas, 26 février 1991, p. 10.

Prenons comme exemple typique, -en septembre 1992- la rentrée fracassante de Christophe Dechavanne sur TF 1 avec une émission intitulée *Coucou, c'est nous.* Les jugements de la presse furent tout de louanges pour les qualités intrinsèquement télévisuelles de M. Dechavanne, mais très critiques quant aux méthodes employées, comme à la confusion des genres. Pour qui réfléchit quelque peu à l'influence de la télévision sur l'évolution de la société d'aujourd'hui, on ne peut qu'être, à tout le moins, perplexe à la lecture des critiques faites notamment par *Le Nouvel Observateur* (12).

Avec Dechavanne, la télévision de connivence remplace la télévision de connaissance : le cancre parle aux cancres. Il revendique crânement une inculture crasse. Diplômes ? "Le cent mètres nage libre" *Lectures ?* "Rien, sauf quelques romans bière et rock'n'roll" *Musique ?* "Je pianouille." *(...)*

Dans un monde où Foucault et Sabatier se mêlent des erreurs médicales et des fausses factures, et où Guillaume Durand s'assoit sur sa carte de presse pour descendre les toboggans de "Durand la nuit", *à quand le prix Albert-Londres pour Dechavanne ? Comme PPDA est le pape de l'info, il est l'incarnation de cette pataculture télévisée où tout est dans tout, où tout se vaut et où tout le monde parle de tout. Surtout ceux qui n'y connaissent rien. L'air du temps est au déboulonnage des élites. A bas l'establishment. Vive nous !*

Au temps lointain des Buttes-Chaumont et de l'ORTF, quelques utopistes charmants imaginaient que le petit écran allait faire descendre les lumières du progrès et de la connaissance dans les obscures chaumières du peuple. Derrière son bureau de maître d'école de "Lecture pour tous", *Pierre Dumayet jouait les nouveaux hussards de la République. Vers la fin*

---

(12) du 24-30 septembre 1992, p. 105.

des années 80, la télé met les cahiers au feu et le maître au milieu pour sacrer un cancre. Dechavanne brouille toutes les frontières anciennes. Il y avait d'un côté les "variétés" *-plumes, paillettes et Maritie et Gilbert Carpentier-, de l'autre,* "l'information". *On a désormais tout pour le même prix : le débat sur la peine de mort, le drame de la transfusion, les joyeuses farces du Bloc-Notes, les commentaires d'un acteur en vogue, et* "l'animateur-journaliste" *(catégorie nouvelle) en Monsieur Loyal.* "On m'a retiré la carte de presse en 1987, je n'ai toujours pas compris pourquoi. Cela ne m'a pas empêché de faire Médecin, le Baron noir. Des scoops, quoi...", *s'étonne Dechavanne, qui -à l'image de la télé moderne- ne fait pas bien la différence entre scoop et coup médiatique. (...)*

Ces prétendus débats sont au fonctionnement démocratique ce que Rondo Veneziano est au baroque italien : un formatage à usage du Top 50 et des supermarchés ; un peu de Mgr Gaillot, un peu d'abbé intégriste, voilà pour la position de l'Eglise catholique. Cinq minutes pour les révisionnistes, cinq minutes pour les juifs, beaucoup de cris et de fureur, et voilà un beau jeu de massacre sur fond d'Auschwitz ... Conception tapageuse de l'information, confusion entre débat et pugilat.

C'est le spectacle de cette situation -angoissante- qui arrachait à Philippe Meyer, cette boutade lourde de sens : *Le risque est plus que grand que la société perde la boussole, si la télévision perd le Nord* (13).

---

(13) *Le Point* n°964, Philippe Meyer : "En écho aux propos de Mgr Lustiger", 11 mars 1991, p. 19.

5 - LE QUATRIÈME POUVOIR

La liberté des citoyens, nous a-t-on enseigné, dépend de la séparation des trois pouvoirs : le pouvoir législatif, qui fait les lois, le pouvoir exécutif, qui prend les mesures nécessaires à la vie de la collectivité, le pouvoir judiciaire, qui tranche les différends et administre les sanctions.

Au milieu du XVIIIe siècle, Montesquieu, à qui nous devons la définition la plus élaborée de ce principe, pouvait encore considérer que la puissance publique se résumait intégralement en ces trois pouvoirs. Hors de la petite minorité qui les détenait, le peuple, dans son ensemble, se contentait, à part certaines périodes de remous, d'être gouverné.

Louis XIV avait pu dire : *L'Etat, c'est moi.* Mais avant la fin du siècle qui le vit mourir, monarque absolu, il apparaissait que la vraie royauté en France était celle du *roi On* comme disait alors Necker. Aux yeux des esprits éclairés, l'autorité légitime était bien celle de l'opinion publique.

Les pouvoirs à séparer

Où en sommes-nous aujourd'hui ? La séparation des trois pouvoirs est un idéal que nous évoquons de temps à autre, pour exiger l'indépendance de la justice. Mais, pour ce qui concerne les deux premiers, elle est bien compromise.

Dans la France actuelle, comme d'ailleurs partout dans le monde, l'exécutif empiète de plus en plus sur le législatif. On ne rencontre que peu de propositions de loi d'initiative parlementaire. Et, dans le même temps, les possibilités d'amendement aux textes gouvernementaux sont de plus en plus réduites. Le Parlement vote surtout sur des principes, laissant le soin à l'exécutif de prendre les décrets et les règlements d'application nécessaires. Et que dire du budget, dont le vote fut à l'origine même de l'institution parlementaire, quand on sait que malgré plusieurs semaines de débats annuels, il n'est modifié -lorsqu'il l'est- par rapport au projet gouvernemental, que dans une infime proportion.

Or, dans la société moderne, telle qu'elle s'est constituée à partir du XVIIIe siècle, ce n'est pas seulement la justice qui doit être indépendante des pressions politiques, c'est aussi l'opinion publique car elle représente les idées des citoyens, tant sur le fonctionnement de l'Etat que sur l'orientation à donner à leur vie. Si cette indépendance existe, le peuple peut se défendre et se faire écouter. Et plus encore que par le choix de ses représentants, lors des élections il saura, grâce à elle, peser sur les décisions de l'Etat d'une manière permanente pour en limiter les abus. L'absolutisme des gouvernements totalitaires n'est possible que dans la mesure où ils parviennent à la museler et à la domestiquer. Bref, la forme moderne de séparation des pouvoirs, celle qui est aujourd'hui plus que jamais indispensable pour garantir la liberté individuelle, c'est la séparation entre les instances politiques, d'une part, et, d'autre part les divers organes par lesquels se forment, s'expriment et s'exercent les opinions des groupes sociaux qui prennent en charge les aspirations des citoyens.

Nous n'avons pas à parler ici de la liberté de conscience, de la liberté de culte, de la liberté syndicale. Elles reviennent d'ailleurs à la liberté d'opinion, dans la mesure où une opinion ne va pas sans une action qu'elle définit et oriente. Partis, Eglises, syndicats, associations diverses sont les formes sous lesquelles les citoyens s'organisent pour faire valoir leur opinion et en tirer les conséquences pratiques. La question clé de la démocratie est donc aujourd'hui de savoir comment le jeu de l'opinion publique peut être libre en face de la puissance de l'Etat. Et parce que l'opinion publique a comme organes privilégiés la presse, d'une part, la radio et la télévision, d'autre part, il s'agit de savoir comment ces deux pouvoirs par lesquels elle se forme, et agit, peuvent préserver leur indépendance contre toute emprise.

Quatrième et cinquième pouvoirs ?

C'est bien, en effet, de pouvoir qu'il s'agit lorsque l'on parle de la presse. De même que l'autorité du peuple, en matière de lois, s'exerce par le Parlement qui détient le pouvoir législatif, de même l'opinion publique se manifeste par le truchement des hommes de presse.

Le parallélisme des deux pouvoirs apparaît bien lorsqu'ils s'affrontent chacun du haut de leur forteresse. On n'a pas oublié, par exemple, que lorsqu'à l'Elysée, le général de Gaulle donnait une conférence de presse, "Sirius" sortait de son silence et prenait à son tour la parole dans *le Monde* comme pour affirmer devant le Pouvoir un autre pouvoir, qui ne s'estimait pas moindre, ni, en tout cas, moins légitime. Et, de fait, après Edmund Burke au siècle dernier, on a souvent appelé la presse le *quatrième pouvoir.*

S'il y a du vrai dans cette analogie, ne devrait-on pas aujourd'hui parler de *cinquième pouvoir* pour la radio et la télévision ? On prétendra peut-être qu'elles ne sont l'une et l'autre que la forme audiovisuelle de la presse et qu'elles ne constituent donc pas un pouvoir nouveau, mais une expansion d'un pouvoir déjà ancien ? Pareille discussion n'aurait aucun intérêt si, sous la querelle de mots, n'était en cause la différence des choses. Or, elles sont très différentes et c'est bien ce qui fait la gravité de la question.

Le pouvoir de la presse écrite et ses limites

Si, du point de vue quantitatif, c'est-à-dire pour le nombre des personnes touchées, la radio et la télévision l'emportent considérablement sur la presse écrite, la différence n'est pas moindre du point de vue qualitatif, c'est-à-dire pour ce qui est de l'influence exercée en profondeur.

L'action de la presse est soumise à de nombreuses et complexes limitations. En fait, elle est composée de journaux différents qui reflètent chacun telle ou telle opinion et qui, dans leur ensemble, présentent la plus complète diversité non seulement politique, mais également du point de vue des préférences pour la culture et pour la distraction.

Dans ces conditions, quelle influence un journal exerce-t-il sur l'opinion ? Tout d'abord, s'adressant à des lecteurs qui l'ont choisi en raison de leurs tendances, il ne peut que les confirmer dans leurs opinions, en transformant leurs préférences, souvent inconscientes, en choix explicites et motivés.

On s'accorde à reconnaître que les journaux changent rarement l'opinion de leurs lecteurs. En revanche, ils doivent la ménager : c'est qu'en réalité l'influence est réciproque. Il est certain que le pouvoir d'un journal sur l'opinion publique, dépend du nombre et de la qualité des lecteurs dont il représente les tendances. A Paris, on compte de tels journaux sur les doigts d'une main.

On pourrait alors avancer que le pouvoir de la presse est le pouvoir *de* l'opinion beaucoup plus que le pouvoir *sur* l'opinion. En manifestant les tendances de tel ou tel public, un journal leur assure une place dans le combat des idées et il oblige le pouvoir politique à en tenir compte. Mais son action sur ses lecteurs consiste à instruire et parfois à passionner des esprits déjà acquis, beaucoup plus qu'à convertir les autres. C'est assez pour que tout mouvement politique ou religieux, tout groupement professionnel ait intérêt à posséder son propre organe. Mais on voit bien que l'opinion publique n'est guère influencée dans ses équilibres par ces journaux que l'on peut presque dire à usage interne.

La consommation forcée.

Il en va tout autrement de la radio et surtout de la télévision. Elles sont moins un pouvoir *de* l'opinion, ou d'une opinion, qu'un pouvoir *sur* l'opinion. C'est le cas, de la façon la plus évidente, dans les régimes autoritaires. Mais c'est aussi plus ou moins le cas dans les pays libéraux suivant ce qu'est leur libéralisme, c'est-à-dire suivant le mode et le degré de pression que veulent ou peuvent exercer sur les citoyens ceux qui possèdent ou gèrent les émetteurs.

Dira-t-on cependant que l'influence de la télévision est soumise aux mêmes limitations que celles de la presse ? Oui, en ce sens que n'importe qui ne peut faire admettre n'importe quoi, n'importe comment. Les réactions du public sont finalement plus complexes et plus inattendues qu'on ne l'avait cru il y a quelques années. Elles manifestent sinon une totale indépendance d'esprit, du moins une force d'inertie qui tient aux conditions générales du milieu et de l'époque. Impossible de renverser ou simplement de contrarier de front les tendances qui régissent l'opinion publique à un moment donné. La radio et la télévision peuvent seulement les révéler à elles-mêmes, les amplifier ou, tout au plus, s'en servir sur un point pour obtenir subrepticement des effets sur un autre.

La télévision a longtemps bénéficié, du fait du monopole, d'une véritable chasse gardée dans la vie publique française. Cela ne voulait pas dire qu'elle ait pu exercer sur elle une action arbitraire, car le public était informé aussi par la presse et par la radio. Mais cela voulait dire pour le moins qu'elle *tenait* son public par l'insurmontable besoin que celui-ci a de spectacles. Elle pouvait donc se permettre, sans risque de le perdre, une action plus insistante ou plus tendancieusement orientée. Mais cela est terminé. Il y a maintenant choix entre de multiples chaînes sans, toutefois, qu'aient diminué les appétits de pouvoir et d'influence.

En direct.

En quoi consiste donc la supériorité de l'information télévisée sur celle de la presse écrite ? De toute évidence, au contact immédiat qu'elle procure avec l'événement et ses acteurs. On appuie sur un bouton et c'est l'irruption de l'actualité.

La France entière a pu suivre en direct les événements parisiens de 1968. On sait quelle portée ils y ont gagné à travers le pays et peut-être d'abord dans la capitale : un effet de mobilisation ! L'année suivante, dans la nuit du 20 au 21 juillet 1969, c'est dans le monde entier, plus de 500 millions de téléspectateurs, de 49 pays, qui suivirent en direct les premiers pas de l'homme sur la Lune.

Quelle lecture aurait pu donner une émotion comparable et laisser de tels souvenirs ? Grâce à la télévision, nous sommes tous allés sur la Lune. Grâce à elle, nous disposons toujours des premières loges pour les grands événements de l'actualité. Sans quitter notre fauteuil, nous voyons mieux que personne les matchs de football ou de tennis et les courses de toute sorte, sans parler des guerres, ni des cérémonies les plus spectaculaires. Pour la télévision, informer, c'est faire assister à l'événement lui-même.

Cette vertu comme magique de la présence sur l'écran, les hommes politiques sont toujours soucieux de l'utiliser à leur profit. Elle est, par elle-même, efficace, même hors des cas très rares où elle peut permettre un coup de théâtre. Ou du moins elle est efficace si le personnage peut se faire juger favorablement. Pour être élu président de la République ou chef de parti, il ne suffit plus d'être un homme politique efficace, compétent, honnête. Il faut aussi être un bon acteur et avoir une tête sympathique. Il faut pouvoir *passer* à la télévision. Aujourd'hui, les hommes d'Etat laids ou ventripotents pourraient difficilement prétendre à la magistrature suprême.

En outre, il s'agit de se présenter sous le bon angle et dans des circonstances favorables. Gare à celui qui a les cameramen contre soi ! L'exemple le plus fameux est celui du journaliste d'une chaîne américaine qui liquida le trop célèbre sénateur Mac Carthy en le faisant prendre dans le champ de la caméra à un moment où le sénateur était furieux et où il apparaissait vraiment comme ce qu'il était : un fou. En revanche, une bonne pose dans un bon décor ou en bonne compagnie, voilà qui fait plus que les meilleurs arguments du monde.

D'homme à homme.

A ce sujet, rien n'est plus révélateur que l'effet de persuasion produit par la voix et par l'apparition sur le petit écran. Nous avons observé que les journaux ne prêchaient guère qu'à des convertis. Ils font rarement changer d'avis, et non pas seulement parce qu'ils ne sont guère lus par des adversaires. L'influence, en effet, s'exerce rarement au niveau des idées pures. On a pu dire, pour définir une des principales limitations qui affectent le pouvoir de la presse écrite : *Au plan individuel, le contact direct, d'homme à homme, paraît à peu près indispensable à une action réelle. Celle-ci suppose des échanges répétés, fondés sur une confiance réciproque, adaptés à chaque cas particulier, sans préjudice de circonstances intimes et d'un climat favorable. Tous ceux qui ont payé de leur personne pour déclencher une adhésion à un mouvement quelconque connaissent parfaitement ces faits* (1).

Eh bien, ce qui manque ici à la presse écrite, qui ne voit que la radio et plus encore la télévision le possèdent dans une large mesure ? La radio fait entendre la voix et la voix déjà rend sensible une présence. Mais comme l'illusion est plus forte avec la télévision ! Elle offre à nos yeux tout ce qu'ils peuvent

---

(1) Bernard Voyenne, *La presse dans la société contemporaine.*

capter d'un homme qui agit et qui parle. Cet homme est là, chez vous, devant vous. Il vous regarde et c'est à vous qu'il s'adresse.

On comprend pourquoi les hommes politiques tiennent tellement à se manifester à la radio et à la télévision. La parole vivante de l'homme que nous entendons et que nous voyons par la magie de l'électronique a toute chance de nous toucher, sinon toujours de nous convaincre. Ce n'est pas seulement parce qu'elle s'accompagne de toute cette mimique que l'on appelle l'action oratoire ; c'est surtout parce que nous nous trouvons dans la situation d'un homme en face d'un autre homme, et que pareille situation est chargée de virtualités instinctives plus fortes que notre raison.

Tels sont quelques-uns des aspects de ce que l'on pourrait appeler le cinquième pouvoir, en considérant qu'il utilise un mode d'action et dispose d'une portée différents du quatrième, celui de la presse écrite.

Esope prétendait que la langue était la meilleure et la pire des choses. La langue humaine a, aujourd'hui, grâce à la radio, une portée presque sans limites. Et, puisque la télévision ajoute la chose montrée à la chose dite, et l'homme qui parle aux paroles qu'il prononce, elle est, à plus forte raison, le comble du bien et du mal. L'une et l'autre, la radio et la télévision peuvent répandre la vérité ou le mensonge, construire ou détruire les réputations et cela, sur une échelle incroyable. Le grand problème de la société moderne est de savoir ce que nous allons faire d'elles.

Appel à témoin.

Comment mieux faire avancer la réflexion qu'en donnant la parole à un témoin ? Et parmi ceux-ci à un journaliste qui a fait sa spécialité de la chronique quotidienne, autrement dit d'une réflexion approfondie aussi bien sur l'actualité que sur ceux qui sont chargés de la présenter.

Au sein de l'Université Populaire de Bransat existe un club "POSITIONS", créé en janvier 1955. Des bourbonnais, puisque c'est ainsi que l'on appelle les habitants de l'Allier -et parce qu'ils ont placé au premier chef de leurs préoccupations la réflexion sur la société telle qu'elle va-, organisent plusieurs fois par an, des dialogues avec des personnalités nationales. Le 24 février 1992 Philippe Meyer (2) en était l'invité pour parler de l'*éthique de l'information* :

" Il ne semble pas possible d'apprécier l'état et la qualité de la presse d'aujourd'hui, si on ne se réfère pas à son histoire et notamment à ses débuts qui furent souvent ceux de la corruption.

" Cela a commencé avec *la Gazette* de Théophraste Renaudot qui était une feuille de chantage. Et cela a continué avec les petits maîtres-chanteurs de la presse du XIXe décrits par Balzac et Maupassant.

" Heureusement les choses ont changé depuis grâce à trois idées qui se sont peu à peu imposées : probité, impartialité, responsabilité. Elles sont par excellence les trois vertus majeures du journalisme.

---

(2) Philippe Meyer, éditorialiste, successivement au *Point* à l'*Express* et à l'*Evenement du Jeudi*. Producteur à France Culture du "Grand Débat". Auteur avec Frédéric Rossif de *Nuremberg à Nuremberg ;* portraitiste de *L'heure de vérité*. Collaborateur de la revue *Esprit*. Auteur de nombreux ouvrages et notamment : *L'enfant et la raison d'Etat* en 1977, *Heureux habitants de l'Aveyron* en 1990, *Ce n'est pas pour me vanter* en 1990, *Nous vivons une époque moderne* en 1991 et *Pointes sèches* en 1992.

" Ce sont celles de la presse née après la guerre de 1914 ; avec la charte du journaliste, code d'honneur aujourd'hui unanimement respecté. C'est un beau texte, court, exigeant, rédigé dans un français comme on aimerait en entendre plus souvent dans certaines émissions de télévision.

" Sans doute, ne faut-il pas oublier une autre forme de presse qui a existé après la dernière guerre, très forte dans la tradition française, et beaucoup moins dans les autres pays d'Europe : la presse militante. Elle était à l'abri de certains défauts, mais elle avait avec la vérité un rapport un peu particulier. Car, quel que soit le militantisme partisan auquel on se réfère, un véritable journaliste ne peut faire oeuvre militante et, par exemple, passer sous silence les informations défavorables à sa cause pour mettre en valeur celles qui la serviraient. Cette tradition s'explique par notre Histoire, au cours de laquelle les combats politiques ont, par moment, pris l'allure de véritables guerres de religion. Beaucoup d'hommes politiques et de journalistes avec eux estimaient, à tort, que le journal était un instrument de combat avant d'être un instrument d'information.

" L'exigence d'impartialité, de probité et de responsabilité dans la recherche et la diffusion de l'information qui sont les marques de la presse française actuelle, et que l'on oppose avec raison aux débordements du journalisme d'avant la première guerre, s'est définitivement imposée sous la Résistance. C'est pourquoi il y eut, dès les lendemains de la Libération, une sorte d'âge d'or du journalisme en raison de la haute conception que les journalistes se faisaient de leur métier, de leurs journaux, et, par conséquent, de leurs responsabilités. Cela n'a cependant pas empêché un certain nombre de dérèglements de se produire et notamment lorsque certains ont cédé au militantisme idéologique.

" Mais tout allait changer de dimension avec l'apparition de ce que nos amis québécois appellent la *presse électronique.*

" Mais, pour bien comprendre ce qui s'est passé en France, il faut avoir conscience de la responsabilité des intellectuels vis-à-vis de la télévision. Et par *intellectuels*, nous entendons non seulement ceux qui vivent dans les beaux quartiers de Paris, mais bien l'ensemble des intellectuels, y compris les enseignants de tout niveau, de toute discipline. En effet, nous avons dramatiquement laissé passer la chance de faire de notre télévision un véritable espace culturel dans le sens le moins ennuyeux et le plus large. Les enseignants, dans leur quasi-totalité, ont eu peur. Ils ont diabolisé la télévision. Ils ne se sont pas rendus compte de l'énorme chance qui s'offrait à eux : ils ont laissé les choses aller ...

" Tout au contraire, l'Angleterre n'a pas laissé passer sa chance ; elle a, très tôt, pris conscience des possibilités de ce nouveau média et l'a parfaitement maîtrisé. C'est pourquoi les premiers responsables de la BBC -entre les deux guerres- n'ont pas craint de fixer comme objectifs, à leurs journalistes, à leurs producteurs, à leurs réalisateurs, d'*élever l'esprit et d'enrichir l'âme.* Quoiqu'il en soit, la télévision britannique a su faire vivre en son sein -et de façon équilibrée- secteur commercial et secteur public. L'un et l'autre manifestent une belle diversité et une belle vitalité tout en présentant des réalisations culturelles de qualité.

" Hélàs, notre système de télévision qui n'était déjà pas en bonne santé, a été dérégulé deux fois ; une première avec l'apparition de la Cinq et de la Six, première manière fin 1985-début 1986 ; une seconde, en 1987, avec la privatisation irréfléchie de TF 1, dans des conditions de précipitation et de pression politique difficilement tolérables. Chacun se souvient encore des phrases qui furent prononcées à l'occasion de cet événement. Elles étaient plus creuses les unes que les autres dont le fameux *mieux disant culturel* constitue la perle la plus monumentale !

" Ajoutons la systématisation des techniques de propagande que l'on appelle *communication.* Il s'agit là d' investissements considérables faits par les entreprises, les partis, aussi bien que par tout groupe organisé, c'est-à-dire par tous ceux qui ont des intérêts à défendre. Ce qui est critiquable ce n'est pas le fait en lui-même, c'est la systématisation par ces groupes et la rationalisation de leurs moyens de pression sur tous les organes ou organismes qui ont mission de faire circuler l'information. Aujourd'hui le journaliste est *bombardé* d'informations qui peuvent être truquées, de sollicitations intéressées, tout en étant exposé aux tentations de toute sorte auxquelles il n'est pas mieux armé que d'autres pour résister !

" Tant et si bien que trop de journalistes de l'audiovisuel se comportent aujourd'hui comme des *courtiers en notoriété.* Ils ont compris, grâce à cette systématisation des techniques de communication qu'ils jouaient un rôle clé -réel ou imaginaire, peu importe-. Si quelqu'un croit qu'un article signé d'un journaliste célèbre va lui apporter la notoriété, c'est vrai puisque c'est vrai dans sa tête. Alors, le personnage politique, ou tout autre, est prêt à tout faire pour qu'il en soit ainsi. Beaucoup de journalistes l'ont compris et beaucoup ont ouvert boutique à l'intérieur de leurs journaux, de leur radio ou de leur télévision sans que leur rédacteur en chef ou leur directeur sache les remettre au pas : *ils ont ouvert boutique de courtage en notoriété.* Cette impunité va jusqu'à *blanchir* les pires fautes professionnelles et, tout particulièrement, les faux. Non pas les faux en écriture, mais les faux en information. C'est un peu comme si un restaurateur vous baptisait *oeuf du jour* un produit datant de 3 semaines !

Attention danger ! (3)

---

(3) Philipe MEYER au club "Positions" à Bransat (Allier) le 24 février 1992 (*notes de sténographie*).

Le véritable quatrième pouvoir.

Peut-on alors continuer à penser que, la presse écrite représente un quatrième pouvoir et la presse parlée un cinquième ?

Plus réellement, le quatrième pouvoir n'est-il pas celui d'informer -quel que soit le support utilisé-, sachant qu'il demeure tributaire des technologies de communication et de transmission ? Voilà qui donne toute leur place, la première, à l'éthique et à la déontologie de l'information.

Pierre Viansson-Ponté, dès 1974, avait noté que l'Etat éprouve avec régularité le besoin *de resserrer son emprise sur la puissance informative, moyen de commandement essentiel dans une nation moderne. Ce besoin (...) tous les dirigeants des grands pays démocratiques (...) s'efforcent actuellement de mieux le contrôler, de pénétrer davantage le quatrième pouvoir qui n'est pas la presse mais l'information.*

Partout la complexité croissante du gouvernement des hommes et de la gestion du bien commun, le déclin de l'institution parlementaire, l'usure du prestige des exécutifs, le recul de l'autorité, la mise en question de l'encadrement tant politique qu'économique et administratif, tout concourt à faire de l'information une arme quasi absolue. Il ne suffit plus de la contenir par la censure ou par la loi, de peser sur elle par l'impôt ou par la subvention, de l'asphyxier par le secret ou de l'envahir par l'intoxication, il faut désormais, cette arme, s'en assurer à tout prix sinon sa disposition exclusive, du moins son usage (4).

---

(4) *Le Monde*, 1er septembre 1974.

En février 1992, Georges Kiejman, alors secrétaire d'Etat à la Communication affirmait sur *France Inter* que *tout pouvoir tendait à devenir exagéré ; celui des journalistes doit donc connaître sa contrepartie.* En août 1990, il avait regretté que la liberté de la presse donne lieu à des abus *parce que les lois qui la limitent ne sont plus appliquées* (5).

En fait, cette puissance de l'information ne dépend pas seulement de l'affaiblissement des institutions traditionnelles, mais aussi du progrès technique. Désormais, ce sont chaque jour des centaines et des milliers d'images qui s'offrent à des centaines de millions d'êtres humains. L'évidence est là ! Rappelons-nous le titre du livre de Gabriel de Broglie (6) : *Une image vaut dix mille mots.*

Face à cette explosion, ni les gouvernements, ni les associations, ni les éducateurs n'ont été jusqu'à présent en mesure de mettre en place quelques règles simples : Qui donnera un droit de regard sur le produit fini ? Qui fera respecter les règles minimum de probité dans l'information ? Et de contrôle de l'information ? Comment dénoncer comme abus de pouvoir un trucage de l'information, alors que le trucage paraît devenu monnaie courante ?

Et l'on pourrait, après ces analyses, conclure avec Yves Mamou : *Si la presse n'a rien d'un pouvoir institué la liberté d'expression est toutefois garantie par le onzième article de la Déclaration des Droits de l'Homme et du citoyen repris en préambule de la Constitution, la place qu'elle occupe aujourd'hui dans la société -et son pouvoir- sont à la mesure d'une société bloquée mais aussi d'une société où les*

---

(5) Revue *Le Débat*, n° 40.

(6) Plon, 1982.

rapports de forces s'expriment désormais par le truchement des médias (7).

Tel est également l'avis du Professeur Pierre-Gilles de Gennes -Prix Nobel de Physique 1991- pour lequel les jugements de l'opinion publique varient au gré des informations et des images présentées par les journalistes. Par exemple, avec les critiques faites aux combustibles fossiles après l'échouage d'un pétrolier ; par exemple avec la condamnation renouvelée de l'énergie nucléaire après Tchernobyl (8). Là est bien le véritable pouvoir de l'informateur.

Alors, *Faut-il croire les journalistes ?* Telle était la question posée par Laurent Joffrin dans un numéro du *Nouvel Observateur* (9) dont nous extrayons les passages suivants :

« *Dans l'univers des médias triomphants, le journaliste devient roi. Jamais il n'a disposé d'un outil technique aussi puissant. Jamais il n'a été aussi indépendant des puissants. Et pourtant le roi est nu. Voilà le vrai paradoxe : alors qu'il devrait tenir le haut du pavé, le journaliste, doté d'un pouvoir inédit, d'une liberté sans précédent, se retrouve dans le ruisseau.*

Le 12 février 1975 (numéro 536). "le Nouvel Observateur" *demande à un* "échantillon représentatif" *ce qu'il pense des hommes de presse. C'est un plébiscite ; les journalistes sont courageux, fiables, compétents, respectés.*

« *En 1990, le même hebdo demande à un autre échantillon de classer par ordre décroissant les*

---

(7) *Le Monde* : "Le quatrième pouvoir, c'est l'information", par Yves Mamou, 1er septembre 1992, pp. 1 et 17.

(8) Conférence prononcée à Yzeure (Allier) le vendredi 10 octobre 1992, au Congrès régional des professeurs de physique.

(9) du 15 octobre 1992, pp. 10 et suivantes.

professions auxquelles il convient de faire confiance. Les pompiers arrivent en tête. Les journalistes sont avant-derniers, entre les prostituées et les députés. Que s'est-il passé ? La réponse tient en une phrase : l'information était dans ce que l'on pouvait appeler "l'âge de la politique" ; elle est, maintenant, passée dans celui de la communication.(...)

« Les médias disposent aujourd'hui d'un réseau mondial de collecte instantanée des images et de l'information auquel rien n'échappe. Ils savent aussi, bien mieux qu'avant, comprendre, anticiper, traduire les attentes du public, lui donner la parole, l'aider dans sa vie quotidienne, le faire venir à la télévision, bref, poursuivre par des formes cathodiques l'irrésistible avancée de l'individualisme moderne. Et c'est ainsi que, selon l'expression de Régis Debray, nous sommes entrés dans la "média-sphère". L'ennui, c'est que les lois de la communication et celles de l'information ne sont pas les mêmes. Tout est là. Non pas que la communication soit diabolique ou illégitime. Au contraire, ces métiers vedettes des années 80, la publicité, les relations publiques, le conseil en communication, ont leur noblesse, leur intelligence, leur créativité. C'est le mélange qui est dangereux. Les grandes bavures des dernières années, ces erreurs qu'on reproche tant aux journalistes, procèdent toutes des dérapages de la communication, de l'oubli de l'information. ***Communiquer, dans la médiasphère, c'est amuser, intéresser, émouvoir et influencer. Informer, c'est raisonner, expliquer, convaincre. La communication vise les consommateurs. L'information s'occupe des citoyens.*** (10) *(...)*

« L'informateur le plus rigoureux, le journaliste le plus scrupuleux savent bien qu'un article ne peut emprunter, sous peine d'être ignoré, la facture irréprochable du rapport de gendarme. Tout journaliste cherche la meilleure anecdote, la meilleure

---

(10) C'est nous qui avons souhaité faire ressortir ce passage.

attaque, le meilleur titre qui fera lire son papier. Intitulé "Considérations sur l'affaire Dreyfus", *le* "J'accuse" *de Zola, titre racoleur par excellence, serait oublié depuis longtemps. Publier, c'est choisir ; écrire, c'est embellir. Le journaliste met en forme : il n'est jamais loin de mettre en scène. Quand on oppose communication et information, on définit deux pôles opposés. A l'équateur, les deux mondes se touchent. Sous peine de mettre en danger son journal, sa radio ou sa chaîne, qui doit, pour survivre, équilibrer ses comptes, le journaliste ne peut pas ignorer l'efficacité de la communication. Lui aussi, il doit séduire. De cette ambiguïté croissante, de ce mélange de plus en plus intime, sont nées les grandes fautes des médias. (...)*

« Les journalistes ne peuvent rester indifférents à leur propre métier. Or ils savent bien qu'au-delà des contraintes innombrables de leur situation économique, au-delà des intérêts bien légitimes des entreprises qui les emploient, ils participent, peu ou prou, de la vie démocratique. Autrement dit, que leurs devoirs ne se limitent pas à servir leur journal ou leur chaîne de télévision. Qu'ils le veuillent ou non, les journalistes sont investis -pour partie- d'une mission de service public ; ils sont les médiateurs du forum démocratique. Ils doivent donc, sauf à laisser le monde de la communication phagocyter totalement celui de l'information, opposer à ses déductions des règles claires, même si elles sont générales. Il en va dans la presse comme dans beaucoup de secteurs : bénéfique, libératrice et démocratique, l'économie de marché devient vite haïssable si elle n'est pas contenue, limitée, corrigée par la volonté collective. Cette volonté, dans le cas qui nous occupe, c'est celle d'une profession qui a été instituée par les pères fondateurs, garante de la liberté de savoir. A la poussée de la communication, le journalisme ne peut donc opposer que la solidité abstraite de ses propres principes. »

IIe partie

-=-=-=-

LE DIVERTISSEMENT SELON PASCAL

6 - AU CINEMA PERMANENT

Dans une humanité toujours friande de spectacles, que de joies les hommes doivent aux frères Lumière ! Avec quelle rapidité la pénétration du cinéma s'est opérée dans les pays industrialisés. Le monde moderne a peut-être commencé avec le cinéma *permanent* offert en ces salles où l'on n'avait plus à subir la contrainte des séances, et où l'on pouvait entrer à tout moment pour se repaître de films durant des heures et des heures.

Nouveaux bouleversements, nouveaux progrès : c'est maintenant chez soi qu'est en *permanence* installé le cinéma *permanent.* Mais que peut-on en retirer, pour soi comme pour les membres de sa famille ?

On ferait bien rire si l'on osait prétendre que c'est pour s'informer et se cultiver que l'on passe tant d'heures devant la télévision. On s'entendrait répondre que, pour se cultiver, rien ne vaut un livre, et qu'avec un journal on apprend deux ou trois fois plus vite ce que la télévision nous donne dans un bulletin d'information. En fait, il n'est personne qui, sur ce sujet, ne cherche à faire et à se faire illusion. On regarde la télévision pour le plaisir. Chacun le sait et nul n'en a honte. On aurait plutôt honte du contraire, et la bouder c'est, dans bien des cas, s'exclure des conversations du lendemain. Ce qu'elle nous apporte en fait d'information ou de distraction n'est qu'une manière pour elle de varier les plaisirs, car elle nous amuserait moins si elle n'était jamais qu'amusante et si, à ses futilités ne se mêlaient, dûment enveloppée d'agrément, quelque apparence d'utilité.

La première fonction de la télévision, sinon la seule dans bien des cas, est le divertissement. La remplit-elle aussi bien qu'il paraît ? Agrémente-t-elle notre temps libre d'un véritable loisir ? Remplacet-elle avantageusement les façons que nous avions jusqu'alors de nous occuper pour nous distraire ? Ne crée-t-elle pas artificiellement des besoins de distraction qui dépassent de beaucoup ce que demande la nature humaine ?

La couvade

Les sociologues reconnaissent trois fonctions aux activités de loisir. Elles nous délassent de la fatigue du travail, ne serait-ce qu'en nous entraînant à faire autre chose. Elles conjurent l'ennui en nous absorbant dans une occupation qui nous intéresse et nous empêche de penser à nos soucis. Mais surtout -car jusqu'ici l'effet n'est encore que négatif-, elles nous offrent la possibilité de nous réaliser en donnant libre essor à nos capacités personnelles, par exemple dans le sport, l'exercice d'un art, ou tout simplement la lecture.

Or, que se passe-t-il lorsqu'on est assis pendant des heures devant son poste de télévision, et cela jour après jour ? Se repose-t-on de la fatigue accumulée pendant la journée ? Oui, dans une certaine mesure, surtout si l'on commence par dormir un peu... Se libère-t-on de l'ennui qui naîtrait de la médiocrité de la vie, de la monotonie quotidienne, de la solitude ? Certainement, car les émissions faites pour nous amuser forment l'essentiel des programmes. Mais elles n'apportent rien qui change un tant soit peu la situation dont, autrement, nous souffririons. Reste le point principal. Nous offre-t-elle un moyen de déployer nos dons dans une libre activité ? Aucunement, et c'est là que le bât blesse. Elle ne nous apporte rien de ce point de vue, ou plutôt, par toute une catégorie d'émissions, elle nous procure un *Ersatz* et c'est pire que rien, car de la sorte elle nous installe dans l'illusion.

Si nous nous intéressons au sport, nous participons aux matchs à la manière d'un cul-de-jatte. Si nous sommes passionnés de musique, nous ne pouvons guère que mimer les instrumentistes comme faisait si bien le neveu de Rameau, ou jouer les chefs d'orchestre comme cet ambassadeur de France qui s'était fait naguère la réputation de battre théâtralement la mesure devant son tourne-disque et qui, ayant demandé un jour à Pablo Casals : *Venez voir si je dirige bien,* s'attira l'inévitable réponse : *Mais, Excellence, vous ne dirigez rien du tout !*

Quant aux voyages, explorations, ascensions et safaris que l'on fait dans son fauteuil, ils ne valent pas quelque promenade aventureuse sur une montagne à vaches. Et pourtant nous avons, dans tous ces cas, l'impression d'avoir réellement participé, puisque tout s'est passé chez nous, devant nous et que, par l'artifice des prises de vues, nous étions au milieu de l'orchestre, dans l'atelier du sculpteur, en plein terrain de football, etc. L'illusion va si loin qu'il se crée une sorte de familiarité entre les téléspectateurs un peu badauds et la vedette qu'ils admirent à l'écran. Combien ne résistent pas au plaisir du tutoiement quand l'occasion leur en est offerte par un poste de radio en chasse d'auditeurs !

La télévision devient ainsi pourvoyeuse d'une participation illusoire à toutes les activités qui exaltent l'homme. Mais, une fois passée l'euphorie du spectacle, on se retrouve *Gros Jean comme devant.* Cela n'a pas d'inconvénient si, après nous être accordé, de cette manière, un peu de détente, nous donnons assez de temps à une activité personnelle qui soit notre façon à nous de prendre du loisir.

Il existe, ou plutôt il existait, dans certaines provinces françaises, comme chez différents peuples, une curieuse coutume qu'on appelle la *couvade.* Pendant que la femme accouchait, le mari s'étendait tout près de là, dans un lit, et participait d'une manière pour ainsi dire magique aux efforts de son épouse, qui n'en avait pas pour autant moins de peine. Les téléspectateurs sont à peu près dans la même situation mentale par rapport aux activités et aux exploits que la télévision leur montre et dont ils aimeraient plus ou moins consciemment faire leurs loisirs. Nous avons beau vivre au siècle de la raison technicienne, l'imagination reste la reine du monde.

Le vice rédhibitoire

Pour bien dépeindre la télévision, on dira sans doute qu'elle répond à un besoin profond. Nous vivons presque tous dans une société qui s'est urbanisée et massifiée. Elle ne nous offre plus les occasions de rencontres et de fêtes qui, durant des millénaires, agrémentaient la vie individuelle et collective de la société. Il faut bien que l'homme d'aujourd'hui ait, malgré tout, des moments de distraction. Si la télévision a pris, dans une certaine mesure, la place du cinéma, c'est qu'elle remplit une indispensable fonction sociale. Une telle apologie serait exacte, mais ne ferait qu'aggraver le cas. Car ce qu'il faut déplorer dans la télévision (et c'est sans doute un fait contre lequel on ne peut plus rien désormais, sinon par la discipline individuelle) c'est la manière dont elle répond à ce besoin congénital de l'homme. Elle offre les distractions les plus faciles et elle profite de ce que chacun a besoin d'un certain temps de récréation pour dissiper en amusements le temps de loisir que nous offre cette civilisation de type post-industriel.

Mais, la télévision est ouvrière d'illusion. Elle nous fait croire qu'en nous offrant l'image des choses prises sur le vif, elle nous renseigne d'une façon idéale, puisqu'elle nous transforme en témoins oculaires pour les événements d'actualité, ou en observateurs privilégiés pour les choses qu'un homme peut désirer connaître pour sa culture. En réalité, il y a loin de ces images qui nous intéressent et nous divertissent en tant qu'images à la compréhension du fond des choses. Quand, par exemple, nous avons vu un reportage bouleversant de scènes de guerre, savons-nous mieux le pourquoi de cette guerre et comment elle peut nous toucher plus ou moins directement ?

Nous en revenons donc toujours à la même

constatation : la télévision prend aux adultes la plus grande partie de leur temps de loisir. Elle leur donne l'illusion qu'ils font mieux, grâce à elle, tout ce qu'ils feraient sans elle, c'est-à-dire qu'ils s'informent, qu'ils s'instruisent, qu'ils se cultivent en matière d'art ou de littérature, qu'ils découvrent le monde, etc. En réalité, elle répond moins à leur besoin de loisir qu'à l'attrait irrésistible d'un plaisir immédiat et facile, fourni par un spectacle qui permet de se sentir bien pendant des heures et des heures. C'est pourquoi la plupart des téléspectateurs s'installent devant leur poste beaucoup plus en vertu d'une habitude, qu'en fonction d'un choix fondé sur la valeur de ce qui leur est proposé. Tout est combiné pour que cette habitude tourne à la manie et assure ainsi une audience à n'importe quel programme. Au bout du compte la télévision n'est pas faite pour l'homme, mais c'est l'homme qui est fait pour la télévision.

Télévision et loisir des personnes âgées.

Toutes les critiques pourraient bien tomber à partir du moment où l'on atteint le *troisième âge*, comme on dit dans notre monde qui a peur même des mots. Que peuvent faire de mieux que se divertir ceux qui n'ont plus à travailler ? Et pourquoi ne profiteraient-ils pas des ressources que la télévision leur donne de tuer le temps ? N'est-elle pas le meilleur moyen qui s'offre à la majorité d'entre eux de se délasser de la fatigue et de conjurer l'ennui. Autrement dit, ce qui en fait le défaut dans le cas des adultes, n'en fait-il pas la vertu dans leur cas ? Il en est trop peu qui ont su, ou pu, se préparer à la retraite pour éviter de ressentir le vide survenu brutalement dans leur existence, qui fait que certains en meurent plus vite. La télévision remplit ce vide. Qu'importe par quel contenu, du moment qu'elle empêche les retraités de se couper du monde, de se replier sur soi, de se morfondre dans une intolérable solitude ?

Incontestablement, la télévision vient à point dans nos sociétés, développées industriellement, qui comptent de plus en plus de retraités et d'isolés alors qu'autrefois les hommes vieillissaient chez eux, dans leur famille, continuant de participer à la vie de ceux qui les remplaçaient. Elle est peut-être un pis-aller, mais, étant donné le nombre de ceux qui sont en cause, il faut reconnaître qu'ici la télévision joue un rôle social considérable.

Puisque nous la considérons sous l'angle du divertissement, il faut toutefois aller dans l'analyse jusqu'au point où Pascal a porté sa réflexion. Dans ses pages sur le *divertissement*, il n'entend pas parler seulement de nos diverses distractions du point de vue de l'amusement qu'elles nous donnent. Il vise toutes les occupations qui nous détournent de penser à nous-mêmes et il interprète, en profondeur, le besoin impérieux que nous en avons. Ce besoin tient à ce que nous voulons à tout prix éviter le tête-à-tête avec nous-mêmes, car alors nous obsèdent les misères de notre vie, les menaces de notre avenir, la perspective de la mort, d'où provient cette angoisse qui est comme un *venin* au fond de notre être.

C'est cette angoisse qui -toujours selon Pascal- rend la prison si pénible et la retraite si triste. C'est elle qui fait que l'on ne sait pas trouver plaisir à *demeurer en repos dans une chambre* et qu'on se risque donc en toutes sortes de difficultés et de dangers ; c'est elle qui fait qu'un *roi sans divertissement* est *plus malheureux que le moindre de ses sujets qui joue et qui se divertit. Qu'on en fasse l'épreuve*, insiste-t-il. *Qu'on laisse un roi tout seul sans aucune satisfaction des sens, sans aucun soin* (1) *dans l'esprit, sans compagnie, penser à lui tout à loisir, et l'on verra qu'un roi sans divertissement est un homme plein de misères. Aussi on évite cela soigneusement et il ne manque jamais d'y avoir auprès des personnes des rois un grand nombre de gens qui veil-*

---

(1) C'est-à-dire, *souci*.

lent à faire succéder le divertissement à leurs affaires, et qui observent tout le temps de leur loisir pour leur fournir des plaisirs et des jeux, en sorte qu'il n'y ait point de vide.

Voilà une analyse qui s'applique parfaitement aux retraités comme Pascal n'a pas manqué de le remarquer lui-même, en évoquant la tristesse des grands fonctionnaires en *disgrâce* dans leur *maison des champs*, malgré tout le confort dont ils pouvaient disposer. Il n'y aurait pas un mot à changer à sa conclusion si on voulait aujourd'hui l'appliquer à la télévision : *sans divertissement, il n'y a point de joie. Avec le divertissement, il n'y a point de tristesse.*

On sait ce que Pascal pense, au fond, de cette manière tout illusoire d'éluder les problèmes en se passionnant pour des riens qui permettent de *s'occuper toujours tout entiers. La seule chose qui nous console de nos misères est le divertissement, et cependant, c'est la plus grande de nos misères. Car, c'est cela qui nous empêche principalement de songer à nous, et qui nous fait (nous) perdre insensiblement. Sans cela nous serions dans l'ennui* (2), *et cet ennui nous pousserait à chercher un moyen plus solide d'en sortir, mais le divertissement nous amuse et nous fait arriver insensiblement à la mort* (3). Pour Pascal, la télévision aurait paru sans doute la forme la plus perfide de cette sorte de *divertissement* dont il s'essayait à préserver ses contemporains.

---

(2) C'est-à-dire, l'*angoisse*.

(3) Pascal, *Pensées*, édit. Lafuma, n° 136, 137, 139, 414.

7 - CULTURE DE PUB

Avec agacement pour les uns, amusement pour les autres, mais intérêt pour le plus grand nombre, si l'on en croit le résultat des enquêtes, les Français se sont habitués à ces spots publicitaires qui font partie de leur absorption quotidienne de télévision. Et de retrouver çà et là, au cours des conversations, ces formules toutes faites qui *s'enfoncent dans la tête*, comme le disait une publicité d'avant guerre. Et de voir apparaître dans les journaux -à la page des programmes TV- des pavés publicitaires qui commencent par : *vu à la télévision.*

Mais, ces images, très souvent bien faites, parfois charmantes, ces musiquettes et ces comptines dégagent avant tout une *odeur d'argent.*

La publicité omniprésente.

Le phénomène est relativement nouveau, bien que déjà, en décembre 1967, le professeur Charles Debbasch ait attiré l'attention des responsables -avec une juste prescience- sur les risques de la publicité : *Le contrôle de la qualité de la publicité doit être particulièrement vigilant. On doit savoir à cet égard que la publicité insérée dans le corps des programmes est beaucoup plus dangereuse que celle diffusée dans les intervalles entre les programmes... La publicité directe doit être également préférée à la publicité indirecte.*

Le modèle -à éviter- toujours cité en référence, est celui des Etats-Unis. En effet, chez eux, tout l'audiovisuel vit sous la dépendance totale et directe de la publicité. Sans elle, pas de télévision. Au nom de la liberté commerciale tout commence et tout finit à la télévision.

L'exemple le plus amusant fut conté par Jean-Pierre Aumont qui tenaît le rôle de Raskolnikov dans une adaptation pour la télévision de *Crime et Châtiment.* Raskolnikov va tuer sa vieille logeuse. Il est nerveux ; il hésite. Au moment où il s'apprète à commettre son crime, il est brutalement tiré par la manche. Un présentateur prend alors sa place à l'écran et déclare : *Vous vous demandez pourquoi Raskolnikov se montre si nerveux ? L'explication est claire : il n'a jamais connu le chewing-gum "Y" qui calme les nerfs.* Le fait s'est répété quatre fois pendant une scène de vingt minutes !

Sam Hedrin dans son livre *Network* (1) a parfaitement démontré le pouvoir de la publicité. Il s'agit de présenter au public ce qu'il aime, ce qui le flatte pour *obtenir* de lui le maximum de fidélité et *obtenir* ainsi le plus grand impact d'influence commerciale dont dépendra le prix demandé pour la seconde de publicité... et la boucle est bouclée ! C'est là toute l'origine de nos actuelles querelles racontées avec humour par Bernard Pivot à travers l'histoire d'Odile Mat et Gaspard de Marché.

Une publicité intimiste.

Certains objecteront que, dans l'ensemble, nous n'avons droit qu'à des messages passe-partout et somme toute assez anodins. Comment être plus beau, avoir une vaisselle plus étincelante, un parquet plus brillant ... Où pourrait bien se cacher une recherche d'influence pernicieuse dans cet amas de suggestions pour la vie quotidienne ? Justement dans le *comment être.* Payez et vous deviendrez autre. Cela signifie en clair *vous n'êtes pas comme le* "bon" *modèle ; alors dépêchez-vous de l'imiter sous peine d'être rejetés par la société.*

---

(1) Sam Hedrin "Network" *Main basse sur la TV,* éditions Pierre Belfond, Paris, 1977, p. 85. Ce roman est inspiré d'un scénario de Paddy Chayesky ; le film est sorti également en 1977 sur les écrans parisiens.

Il s'agit bien là d'une intrusion au plus intime de nos consciences et, fait plus grave, dans nos comportements journaliers.

Mais que l'on permette une remarque. Cette vie quotidienne est surtout celle des femmes. La cible des publicistes est donc nettement définie : la bonne ménagère qui correspond à un certain type. Ce n'est pas le mannequin des magazines de mode ; ce n'est pas non plus le style vamp des romans-photos. Par une habile adaptation, plus le produit est *simple*, plus la femme, heureuse de s'en servir, est proche de toutes les maîtresses de maison. En revanche, plus il devient *sophistiqué*, plus il est coûteux, plus il concerne la beauté, la toilette, l'apparence physique, plus l'on voit apparaître ces jeunes femmes *à la mode* qui font pénétrer le rêve dans les foyers.

De ces images naît-il un sentiment de frustration ? On peut légitimement le penser pour les femmes ainsi *cataloguées* ou réduites à l'état d'objet. On ne peut qu'en être également persuadé pour les enfants touchés par les séquences diffusées au moment des fêtes de Noël et l'on ne peut sans un serrement de coeur penser à tous ceux (et ils sont nombreux) auxquels leurs parents seront bien incapables d'offrir le jouet magnifique si habilement présenté à la télévision.

Il s'agit bien d'agression contre la famille qui subit cette publicité imposée à un moment où le téléspectateur, détendu, la reçoit au cours de son divertissement et que, par là même, sans qu'il s'en rende compte, il est devenu parfaitement perméable au message.

C'est une situation que Georges Suffert a traduite avec humour : *Pourquoi ne pas l'avouer ? Le seul spectacle vraiment passionnant à la télévision, c'est la "pub". Les enfants qui ont tellement plus de "pif" que les grandes personnes ne s'y trompent pas... Les images défilent à toute vitesse : ils récitent les textes par coeur. Ce sont les comptines de cet univers qui a donné aux objets la transparence des fées.* Il est vrai que des réalisateurs de talent ont fait de certains spots publicitaires de véritables petits chefs d'oeuvre. La culture pub est une réalité. Chaque jour, des dizaines de millions de téléspectateurs assistent à de multiples messages qui laissent trace dans leur mémoire. Certains slogans sont devenus des mots de passe pour initiés et remplacent nos points de repères culturels habituels.

La progression des vols à l'étalage.

Mais, attention, danger ! En exacerbant les besoins et les désirs des téléspectateurs, on prend le risque de jouer un rôle dans la croissance des vols.

La publicité est certes le reflet de notre société de consommation dont elle est en même temps l'un des moteurs. Or, à la télévision, pour ne parler que de la France, elle a pour particularité de s'adresser globalement à plus de cinquante millions de consommateurs-téléspectateurs. En revanche, dans la presse, à *Europe 1*, à *RTL*, à *RMC*, etc... les *consommateurs* sont distincts d'un média à l'autre, les annonceurs aussi. A ceux qui prétendent que ce traquage du citoyen-téléspectateurs-consommateur par les messages publicitaires passé à la télévision crée des sentiments de frustration, certains répondent que l'on ne fait pas de la publicité pour les *Rolls*, mais pour des objets accessibles à tous dont l'on essaie cependant de prouver qu'ils sont indispensables. Il est cependant vérifié que ce sont les petits délits qui augmentent et plus spécialement dans les *grandes surfaces.* Dans ces magasins, les vols à l'étalage ont doublé en dix ans : la perte causée par ces délits est estimée supérieure à 2 % du chiffre d'affaires global.

Le lien de cause-à-effet est-il prouvé ? Les spécialistes, là encore, ne se sont pas prononcés ; il est même vraisemblable que la responsabilité de la publicité télévisée n'est qu'une des parties visibles d'un phénomène social beaucoup plus complexe. Néanmoins, il n'est pas douteux que la télévision joue son rôle dans cette évolution.

On peut donc se demander s'il n'apparaît pas à travers ces vols une sorte de défoulement et, à la limite, le sentiment que ces objets si familiers reviennent de droit à ceux qui les dérobent. N'en revient-on pas au temps où l'humanité vivait des produits de la chasse et de la cueillette ? Mais ce n'est plus de *chasse* et de *cueillette* pratiquées dans la nature qu'il s'agit. C'est de chasse et de cueillette dans les supermarchés des banlieues : *ça me fait plaisir et j'en ai besoin, donc je prends.*

En toute objectivité, l'entassement des marchandises dans les supermarchés et le fait même de les disposer à portée de main constituent un facteur important de tentation et une incitation terrible à avancer justement la main pour s'en saisir. Mais la télévision accentue ce mythe de la caverne d'Ali Baba. Georges Suffert avait raison de parler de fées. Tout se passe comme par un coup de baguette magique.

Pour les jeunes, cela est très net. Les motos, les jeans, les boissons, les vêtements, les voyages semblent être les clefs d'un univers de facilité où tout réussit à ceux qui les possèdent. Peut-on jurer que de telles images n'exercent aucun ravage ?

Les enquêteurs de l'Ontario (3) ont répondu à cette question : *Un climat de violence peut se développer de bien des façons. Un contenu non violent peut engendrer des espérances ou des attitudes irréalisables qui tendent à déboucher sur la violence. On estime que ceci s'applique à certains types d'aspirations matérialistes pour les individus, comme pour la société. Les vols d'automobiles par des adolescents peuvent être liés à la promotion par les médias de l'automobile comme symbole de succès économique*

---

(3) voir chapitre 15 - *La télévision aussi est un miroir.*

et social. Plusieurs études, effectuées aux Etats-Unis et ailleurs, soulignent le rôle des aspirations économiques dans les divers types de violence sociale.

La dose de publicité que nous recevons par la télévision s'ajoute à celle que nous absorbons dans la rue avec les affiches (4), en feuilletant journaux et magazines, en écoutant les radios. Mais l'image, la scène vécue, présentée par la télévision, dans le cadre de notre univers familial, marquent plus profondément notre inconscient.

Est-ce bien ce que l'on appelle la *culture de pub* qui paraît -si l'on en croit les influences constatées et les conversations quotidiennes- en passe de remplacer tout autre forme de culture ?

Ce que Paul Valéry n'avait pas prédit.

Non, il n'avait pas prédit que la publicité audiovisuelle allait être une arme aussi puissante entre les mains des commerçants. Pour ceux-ci, l'objectif est de bien connaître, c'est-à-dire de bien mesurer et de bien qualifier l'audience par son volume, la fréquence et la durée d'écoute, la répartition horaire selon les critères socio-démographiques. Parce que l'audience, c'est avant tout du public, c'est-à-dire des gens qui vi-

---

(4) Durant l'automne 1992, on pouvait voir sur les murs de France une affiche avec cette formule : *Si Bonnie et Clyde avaient eu une Golf !* Elle montrait le couple à l'âge de la retraite, sagement assis sur un banc devant un lac. Les auteurs ne s'étaient pas trompés de culture. Nous avons interrogé des dizaines de personnes, de tous milieux et de tous âges. Toutes, plus ou moins clairement, mais toutes néanmoins, connaissaient l'histoire de *Bonnie and Clyde.* Et toutes ont parfaitement établi la relation avec la vitesse de la voiture ainsi vantée qui aurait permis au couple d'avanturiers des années 20 d'échapper aux policiers. Bel exemple de références américaines mémorisées par des centaines de millions d'hommes. La pub n'avait plus qu'à récolter...

vent, qui pensent, qui réagissent, les professionnels ont mis au point les outils nécessaires pour comprendre ce public, les mécanismes de leurs engouements, de leur lassitude ou de leur rejet. Les spécialistes de la publicité peuvent ainsi donner aux créateurs et aux décideurs les moyens de choisir en toute connaissance de cause les programmes et les émissions qui correspondent le mieux aux désirs du public.

L'efficacité professionnelle est telle que l'on en est arrivé à un rapprochement permanent entre l'écoute audiovisuelle et ... les décisions d'achats par les maîtresses de maison ! Les analyses sont devenues des outils très fiables qui permettent de contrôler parfaitement l'efficacité d'une campagne publicitaire, afin que les annonceurs en tirent le meilleur profit.

C'est ainsi que l'on mesure avec une grande précision les réactions du public -spectateurs ou auditeurs de programmes audiovisuels-, par un suivi en continu des appréciations qu'il porte.

8 - LA DÉFERLANTE AMÉRICAINE

Ce n'est pas seulement en tant que forme de distraction que la télévision pose un problème aux éducateurs. C'est aussi par la façon dont ses programmes sont composés.

Or, si chacun sait et dit que tout n'est pas bon à voir, il est des émissions dont nos programmes sont farcis et qui, par leur abondance, nous imposent une image de la vie qui n'est, tant s'en faut, pas la nôtre : ce sont les productions américaines.

Pas d'antiméricanisme de mauvais aloi.

On ne profitera évidemmment pas de ce sujet pour faire de l'antiaméricanisme. L'aspect des choses que l'on vise ici est exactement le même que celui qui concerne la langue française. C'est une belle et riche langue que l'anglais Mais, ce n'est pas une raison pour que les Français parlent *franglais.* Au contraire, ils ne sauraient rien faire de mieux que de cultiver une langue qui soit purement française, quittes à devenir polyglottes, autant qu'ils voudront, ne serait-ce que pour combattre leur si fâcheuse incapacité nationale à ne parler aucune langue étrangère.

Que l'on permette alors de raisonner de même lorsqu'il s'agit de la télévision, c'est-à-dire de plaider pour qu'elle apprenne la France aux Français, non sans avoir également la préoccupation de nous ouvrir aux autres pays du monde.

Si l'on parle de *kitsch* en peinture, pour des tableaux qui recherchent l'effet par des moyens faciles, et qui flattent la sensibilité en ayant l'air de faire du style, ne faut-il pas utiliser ce mot pour les séries américaines ? On pourrait dire qu'il s'agit là de colonisation culturelle si ces deux mots n'étaient impropres. Il ne s'agit pas de culture, même pas de *culture de masse*, et personne ne nous impose l'achat de ces articles de bazar, sur lesquels nos programmateurs se rabattent allègrement. Tout se passe comme si nous n'étions pas capables de produire des créations originales et si nos finances nous permettaient tout juste de payer des artistes pour leur faire doubler des navets.

Nous sommes ainsi, par notre faute, entrés dans un cercle vicieux. Mais ce n'est pas le problème artistique comme tel que l'on veut poser ici, ni ce qu'il implique du point de vue financier. C'est, tout au contraire, la critique de l'apport que l'on peut attendre de ces séries américaines, et d'abord pour les jeunes Français.

La première remarque à faire, c'est que ce ne sont point chaussures faites pour notre pied. Nous avons un secteur public qui se justifierait mieux s'il était préservé de la médiocrité, de la vulgarité, du dérisoire et de la violence en tous genres. Mais pourquoi, le secteur public, comme le font les chaînes commerciales, va-t-il si allègrement se ravitailler dans les télévisions du système le plus sauvagement commercial qui soit : les télévisions américaines ? N'est-ce pas reconnaître du même coup qu'il ne serait pas si mauvais que ça ? Ce n'est certainement pas ce que l'on pense, ni ce que l'on veut imiter, car on se garde bien -en un autre domaine qui est celui de l'information- de rivaliser avec la télévision américaine, remarquable par son objectivité. Non, on ne demande aux Etats-Unis que ce qu'ils ont de plus médiocre, des divertissements qui sont faits uniquement pour plaire, et pour plaire au plus grand nombre, de manière à obtenir, là-bas, la plus grande audience dans la concurrence des chaînes !

Etant donné les intérêts financiers qui sont en jeu, les producteurs ne reculent évidemment devant aucun moyen. Pas question de chercher à former l'esprit ni à élever le goût, en joignant discrètement l'utile à l'agréable. Il est plus sûr, plus *efficient* de s'adapter à la médiocrité qui n'exige aucun effort, comme à la brutalité qui fascine !

Nous connaissons cela dans certaine presse ; notre télévision du secteur public pourrait et devrait à tout le moins en être préservée...

Un énorme gâchis.

Certes, tout n'est pas mauvais dans ces séries. Mais ce qu'elles comportent d'esprit et d'idéal moral nous échappe. L'esprit tient, en général, à une parodie de la société américaine ; mais comme nous connaissons mal cette société, nous ne comprenons pas mieux ces films que les américains ne comprennent Molière, s'ils ne connaissent pas notre Grand Siècle.

Nous ne percevons guère le comique des moeurs. Reste le comique de situation et de geste qui *vole bas* et qui ne risque pas de nous échapper, grâce aux éclats de gros rire dont -en certaines émissions- nous encourage un public fictif.

Quant à l'idéal moral, il est celui d'une société qui est sentimentalement vertueuse, mais il se résume dans l'idée qu'il faut être généreux en payant de son compte en banque.

Elles ne nous en donnent pas moins, jour après jour, un tableau de la vie américaine, si dévié qu'il soit par les impératifs des producteurs et faussé par notre inaptitude à bien comprendre. Ils nous montrent un cadre matériel d'existence, avec les commodités qu'il offre, des habitudes de vie, des types de comportement, bref une forme de civilisation. Est-ce un mal ? En soi, non. Mais cela le devient dans la mesure où ces images prennent systématiquement la place de celles qui montreraient aux enfants de chez nous, et rappelleraient aux adultes comment on vit en France, et comment une ancienne et complexe tradition nous a donné une manière de voir et de faire qui n'est pas forcément ce qu'il y a de mieux au monde, mais qui est la nôtre, comme notre langue et qui, jusqu'à preuve du contraire, doit, dans notre intérêt, le rester.

Qu'avons-nous à faire des mythes qui alimentent la société américaine ? En concurrence avec ceux d'autres pays à travers le monde et à travers l'histoire, oui, car ce peut -être source d'enrichissement pour chacun de nous. Mais sûrement pas en réservant plus des trois quarts de nos achats étrangers, aux seuls Etats-Unis. Après tout, nous aimerions aussi savoir comment vivent les autres peuples, en Europe, en Afrique, en Amérique latine...

De *Dallas*, *Dynastie* et autres *Santa Barbara*, nous passons à *Mac Giver* ou *Rick Hunter* ; d'un ranch texan à un commisariat new yorkais, des rivalités d'argent aux misères de la drogue. Toujours sous forme d'images convenues et stéréotypées, avec un scénario qui, dans le fond, est le même. Mais surtout qui ne correspond guère à nos manières d'être et de vivre, en un mot à notre *culture*. En conséquence, il faut savoir que l'on est en pleine irréalité ou -au contraire-, croire que là est la vraie vie. Souvenons-nous des Albanais qui en 1991 voulaient débarquer de force en Italie. Ils étaient attirés par les images des feuilletons américains, mais doublés en italiens, qu'ils réussissaient à capter grâce à leurs antennes de télévision ; d'autant plus amère fut pour eux la réalité des choses !

Le problème n'est pas fictif. Il est celui qu'ont dû se poser les membres de la Commission d'enquête de l'Ontario (1). Pourtant voisins immédiats des Etats-Unis et vivant dans un environnement anglophone, les Canadiens français devraient ne pas ressentir les programmes *made in USA* comme une menace pour leur culture propre et, par elle, pour leur identité nationale. Mais tel n'est pas le cas car ils savent mieux que d'autres les atteintes qu'une télévision émanant d'un pays étanger, surtout lorsqu'il est celui de la société dominante, peut porter à un autre pays et à une autre culture ! *La culture,* devaient à ce propos, préci-

---

(1) Voir chapitre 15 : *La télévision, miroir de l'époque.*

ser les enquêteurs de l'Ontario, *c'est le milieu social et intellectuel qui façonne la pensée, le style de vie, les valeurs et les comportements d'un peuple et lui confèrent des caractéristiques qui le distinguent des membres d'une autre culture.* Une telle définition aide à faire comprendre le rôle que la télévision peut jouer dans l'évolution d'un milieu social qui forme le tissu propre à une nation, en travaillant soit à le consolider soit à le détériorer. Le prestige que la télévision confère à ce qu'elle montre ne peut manquer de transformer plus ou moins en modèles les images de la vie américaine qui sont offertes jour après jour. Le spectateur a beau ne pas tout comprendre, il retient à la longue quelque chose, une sorte d'*image composite* qui se forme en lui, riche en contenu latent, plus encore qu'en contenu manifeste. Cette image ne reflète pas, nous le savons, ce qu'il y a de meilleur dans la société américaine. Ce n'est pas elle qui peut éduquer des Français comme tels, c'est-à-dire augmenter leur capacité de s'adapter aux conditions de vie, créées par notre géographie et notre histoire, nos moeurs, nos paysages, nos défauts et nos qualités...

Deviens ce que tu es.

Pour comprendre ce qui est en jeu, il est bon d'en revenir à Gabriel Tarde selon qui la grande loi est qu'on imite ce qui est proposé par ceux que l'on admire, ou qui ont acquis une autorité. Tarde déplorait déjà que Paris imposât sa mode à la France tout entière que ce soit pour le langage, les idées, les meubles ou les vêtements. Il en accusait le télégraphe ou le train, courroies de transmission à l'époque. Que ne devrions-nous pas dire aujourd'hui avec la radio et la télévision !

Les enfants s'éduquent en imitant les grandes personnes, lesquelles agissent donc sur eux plus parce qu'elles font et ce qu'elles sont, que par ce qu'elles disent. C'est ainsi que Paul Guillaume a pu écrire : *L'influence de l'imitation dans la vie humaine est immense. La plus grande partie de l'éducation, au sens le plus général du mot, c'est-à-dire de l'assimilation, par l'enfant et par l'homme, des manières d'agir, de sentir et de penser de son milieu, le développement des techniques, du langage, des besoins, des croyances de tous les éléments culturels portés par la tradition, reposent sur l'imitation. Un sociologue (Tarde) a pu définir une société humaine, un ensemble d'individus qui s'imitent les uns les autres. Là où s'arrête l'expansion d'un courant d'imitation, là se trouve la véritable frontière morale d'une société* (2).

Ne faut-il pas songer à protéger la société française face à la déferlante des productions américaines ? L'occupation de nos écrans par les images d'une civilisation fort différente de la nôtre est un fait dont la psychologie sociale, sinon un peu d'intelligence, nous permet de comprendre le mécanisme et de mesurer le danger. En admirant et en copiant des manières de faire qui ne sont pas les nôtres, nous adoptons inévitablement aussi la *mentalité* qui leur est sous-jacente, c'est-à-dire tout un ensemble de points de vue, d'idées, de croyances, de préferences et de refus, bref un certain outillage mental et un certain système de valeurs. L'influence que nous subissons va donc plus loin qu'on ne pourrait le croire d'abord. Elle nous déracine, à proprement parler, de notre milieu originel pouvant aller jusqu'à faire de nous de véritables émigrés de l'intérieur.

A quel milieu voulons-nous agréger les enfants de France ? Quels points de vue souhaitons-nous pour eux sur la famille, l'amour, l'argent, la mort, l'organisation des rapports sociaux, la vie matérielle et la vie de l'esprit ? Si nous voulons qu'ils aient la *mentalité* de l'Américain moyen, tel que sa télévision nous la montre, non sans des distorsions comparables à celles que la mentalité française connaît dans nos

---

(2) Paul Guillaume, *Manuel de psychologie* (Paris, 1932, 5e édition 1948, p. 60) *L'imitation chez l'enfant.*

vaudevilles, alors continuons. Offrons-leur en spectacle, jour après jour, *the americain way of life*, sous la forme médiocrement standardisée que des films lui donnent en l'associant à des images de luxe propres à nous faire envie.

Mais si ce n'est pas cela que nous voulons, alors il faut épargner à nos enfants ce spectacle quotidien qui dégrade ce qu'il y a en eux du *génie de la France*, suivant une expression qui, pour paraître ridicule hors des moments dramatiques de notre histoire, n'en recouvre pas moins une certaine réalité. Il faut les aider à devenir des Français, car ils ne sauraient mieux faire que de devenir ce qu'ils doivent être.

Le problème posé à cet égard par la télévision est nouveau. Il nous prend largement au dépourvu, si bien que le mal sera peut-être fait lorsque nous commencerons à songer aux solutions et à prendre des mesures qui ne pourront même plus être des remèdes. Jusqu'à présent, nous n'avons pas eu à nous demander comment transmettre notre culture propre avec la mentalité qui l'inspire. Cela se faisait tout seul. Les enfants imitaient ce qu'ils voyaient faire aux adultes. Au village, le petit provincial observait. Il écoutait les paysans et les artisans. Il vivait dans un temps que scandaient, suivant les coutumes locales, les travaux et les fêtes. Il apprenait à aimer un certain paysage et la manière dont l'homme s'y adaptait. Le petit citadin avait aussi son milieu de vie ; que l'on songe à l'enfance et à la jeunesse de Pascal, à celles de Victor Hugo, de Michelet, de Péguy, de Valéry, etc., et qu'on voie comment, sous l'influence du monde qui les entourait, ils sont devenus des hommes qu'on n'imagine pas tels ailleurs.

Il faudrait trouver le moyen de faire connaître et aimer la réalité française sous ses différents aspects. Cette réalité est assez riche pour fournir les programmes les plus variés. Ce n'est pas seulement par leurs dialectes, hélas en voie de disparition, que se distinguent nos Bretons et nos Flamands, nos Normands et nos Savoyards, nos Catalans et nos

Alsaciens, nos Basques et nos Provencaux ; c'est par toute une culture traditionnelle qui traduit l'adaptation à un terroir.

Il ne serait pas inutile que les petits Parisiens, qui ne savent pas toujours en quoi un sapin se distingue d'un bouleau, apprennent par la télévision comment vivent un guide de haute montagne, un pêcheur breton, un berger pyrénéen, un vigneron de Bourgogne ou d'ailleurs... ou comment travaillent les ouvriers de nos chantiers et de nos usines. N'arrive-t-il rien à tous ces gens-là qui permette d'inventer une fiction dramatique et d'empêcher que le film ne soit qu'un documentaire et rebute trop d'esprits bien décidés à ne pas s'instruire ? Et de combien de monuments pourrait-on faire faire une passionnante visite si, après avoir demandé à de grands écrivains d'évoquer les gens du peuple, on s'adressait aux historiens pour apprendre comment faire vivre une cathédrale ou une ancienne forteresse !

Universalité.

Faudrait-il pour autant imposer à la télévision un nationalisme culturel ? Certainement pas. C'est dans la mesure où elle s'efforcera d'abord de diffuser des programmes conformes à notre esprit à nos traditions qu'elle pourra viser à un universalisme véritable, non moins nécessaire aujourd'hui que l'authenticité nationale. A cet égard, nous avons beaucoup à faire. Ce qui frappe bien des étrangers amis de la France quand ils viennent nous voir, c'est à quel point notre télévision -mises à part les productions américaines- a réduit ses préoccupations à l'horizon des frontières de l'hexagone.

Ce qui est dangereux pour assurer l'authenticité de la culture française, ce n'est pas ce qu'il y a de supérieur dans toutes les autres, mais bien au contraire ce qu'il y a de médiocre. Ne serait-ce pas notre devoir de l'en préserver ?

IIIe partie

-=-=-=-

LES ENFANTS DE LA TELEVISION

9 - DES PLUIES D'ETOILES FILANTES

Quelle est, au juste, la place de la télévision dans la vie d'un enfant aujourd'hui ?

Un livre de synthèse sur les mass médias, publié en 1974, aux Etats-Unis, mais dont les enseignements sont toujours valables, décrit la journée d'un écolier américain de la façon suivante : *Levé un peu plus tôt qu'il ne le faudrait -car il s'est couché tard, la veille, à cause de la télévision- il se hâte de terminer un devoir et déjeune en regardant la fameuse émission pour enfants : "Captain Kangarro". Puis il saute dans l'autobus, où il partage avec ses camarades le numéro d'un magazine à bandes dessinées, ce qui ne l'amène pas à changer d'attitude mentale... Arrivé à l'école, il gagne le "centre des médias", met un casque, appuie sur le bouton. Une voix lui explique les mystères des fractions, tandis que des diapositives lui permettent de mieux suivre. Puis il prend une cassette et va faire ses exercices de français ou d'espagnol. Ensuite, il se rend dans une salle où l'on projette un film sur les animaux. Quand il rentre à la maison, il a à peine diné que le voilà devant la télévision. Jusqu'à quelle heure y reste-t-il ? Plus tard, en tout cas, que ce ne serait raisonnable pour son équilibre nerveux. Voilà,* commentent les auteurs du livre en question (1) *une journée qui n'a rien d'exceptionnel pour l'élève d'une école américaine normalement équipée en moyens audiovisuels.*

Nous n'en sommes peut-être pas encore là en France. Mais nous n'en sommes pas loin pour la quantité d'heures passées à la télévision par les enfants. On ne se trompe sans doute pas en disant que cela re-

---

(1) Hiebert, Urgurait, Bohn, *Mass Média, An Introduction to Modern Communication*, New York 1974, pp. 368, 369.

présente largement plus de mille heures par an, alors qu'il n'y a guère que huit cents heures de classe dans l'enseignement secondaire. Un rapport de l'UNESCO parle du reste d'un nombre d'heures, à peu près égal, passées à la télévision et à l'école, compte tenu des vacances et des jours de repos. Le fait est donc établi. Il faut l'admettre et comment ne poserait-il pas problème ?

La fin de l'intimité familiale.

Les grands-parents qui sont aujourd'hui sexagénaires ont vécu l'irruption de la télévision dans le cercle de famille. Ils se souviennent que ce fut presque toujours un événement et, qu'aussitôt, le poste est devenu, dans la maison, le principal centre d'intérêt. Des changements décisifs n'ont pas tardé à s'imposer, les uns visibles, les autres cachés.

La première conséquence de la présence d'un poste de télévision, c'est que les membres de la famille restent davantage à la maison. Heureuse conséquence, dit-on parfois. Mais reste-t-on chez soi pour le plaisir d'être ensemble ? Non, uniquement pour regarder la télévision. Le résultat obtenu est donc plus une juxtaposition dans l'espace qu'un rapprochement qui offrirait plus d'occasions d'échanges entre parents et enfants. Mais voyons les choses de plus près.

D'abord, le rythme de la vie à la maison a été modifié. L'heure du coucher n'est plus la même qu'autrefois. Les enfants prennent sur leur sommeil et pas seulement sur leur temps de travail ou de lecture, ce qui est déjà plus grave. *Il n'y a plus le moyen de les faire aller se coucher !* On n'insiste donc pas. Ce serait peine perdue. Il en résulte que *45 % des enfants regardent la télévision au-delà de 21 heures les lundi, mardi et vendredi ; 48 % le dimanche ; 57 % le jeudi ; 80 % le mercredi et le samedi. 35 % des enfants décident librement de l'heure où ils vont se coucher* (2).

---

(2) Selon une enquête du *Monde.*

C'est dire dans quel état un grand nombre d'élèves arrivent le matin à l'école pour affronter des exercices forcément moins passionnants.

Conséquences graves, ensuite, pour les repas. La moitié des téléspectateurs qui regardent la télévision tous les jours ont l'habitude de le faire régulièrement pendant les repas. On en a souvent déplacé l'heure surtout en milieu rural. On en a aussi, du même coup, modifié le sens. Ils ne sont plus le pain partagé en famille et l'occasion la plus favorable aux conversations.

Il faut noter aussi les méfaits du grignotage devant la télévision. Il est, depuis longtemps l'une des causes de l'obésité de nombreux jeunes américains. Chez nous, le changement des habitudes culinaires a correspondu à l'arrivée de la télévision, bien que celle-ci n'en soit pas la seule responsable.

De cette désorganisation de la vie familiale, les enfants sont évidemment les premières victimes. Elle rend les adultes indisponibles à leur égard. Elle les prive des interlocuteurs qui leur sont indispensables. Plus personne pour écouter leurs petites histoires, qui leur donnaient l'occasion de s'extérioriser et de confier tant de choses pour eux utiles à dire et, pour les parents, à savoir. Mais inversement, ils n'entendent plus beaucoup leurs parents et ils n'appartiennent donc pas à leur monde. Ils ne les voient guère que comme on voit des voisins fortuits au cinéma, comme se rencontrent des abonnés assidus aux mêmes spectacles. Bref, ils ne trouvent plus à la maison ce milieu uni avec leur place, bien à eux, au sein d'une atmosphère de chaude intimité qui n'empêche pas les échanges et les confrontations suivant les humeurs ou les circonstances.

On sait combien est révélateur le test par lequel on demande à un enfant de représenter sa famille. Dans la plupart des dessins on retrouve les silhouettes de *Papa, Maman et moi* groupées devant un rectangle : l'écran du poste de télévision !

Parler de *moyen de communication* à propos de la télévision est en réalité d'une cruelle ironie. Plus exactement, elle est un instrument de *distraction* ; la distraction de chacun à l'égard de tous, là où il faut déjà normalement faire effort pour qu'il y ait toujours, en famille, attention réciproque.

Inégalité aggravée.

Mais tous les enfants ne sont pas également victimes de cette intrusion de la télévision dans la vie familiale. Suivant les milieux auxquels ils appartiennent, les conséquences diffèrent.

Dans les milieux *sans culture*, on avale tout ce que présente la chaîne qu'on a l'habitude de prendre. *La densité et l'intérêt des conversations diminuent malheureusement avec le manque de culture. Dans cinq grandes entreprises anglaises, des enquêtes ont montré que, chez les ouvriers, l'acquisition de la télévision faisait diminuer les échanges, non seulement à l'intérieur de la famille, mais aussi avec les parents, voisins et amis. Chez les gens de niveau le plus bas, la télévision arrive à supprimer les conversations qui auraient pu exister auparavant* (3).Voit-on bien ce que cela veut dire à une époque comme la nôtre, où il y a déjà un fossé considérable entre les générations ?

Dans les milieux qui ont quelque culture -au sens *livresque* du mot- et ce sont généralement les milieux aisés, on choisit davantage. On sait mieux s'arrêter. On n'accepte pas tout sans critiques ni protestations. Les parents peuvent répondre aux questions que les choses vues provoquent chez leurs enfants. Ou, à tout le moins, ils savent se servir de leur bibliothèque quand le problème dépasse leur savoir. La té-

---

(3) Melon-Martinez, *La télévision dans la famille et la société moderne.*

lévision peut donc, dans une certaine mesure, ranimer les conversations familiales qu'elle a d'abord interrompues.

Mais il est aussi une autre forme d'inégalité devant la télévision. Les enfants des familles aisées ne sont pas réduits à n'avoir d'autre divertissement qu'elles. Ils partent en vacances, voyagent, font du ski, du bateau, etc. Non seulement ils échappent ainsi à l'abus quotidien du petit écran, mais ils voient des choses réelles et peuvent mieux comparer, juger. Leurs parents, qui ont eu, aussi, d'autres objets d'intérêt et d'autres distractions, sont personnellement moins asservis à la télévision et savent mieux en régler l'usage pour toute la famille.

Depuis quel âge les enfants souffrent-ils de la tyrannie de la télévision dans la vie familiale ? Pour beaucoup, c'est depuis leur plus tendre enfance. Le temps est passé où l'enfant d'une famille modeste, quand il avait une mère attentive et intelligente, pouvait faire envie à de plus riches dont la mère était occupée par ses obligations mondaines. La télévision risque alors d'être une nouvelle forme *d'opium du peuple* car c'est surtout les enfants du peuple qu'elle prive de leurs parents. Cruelle aggravation des inégalités.

Une cire molle.

Mais la télévision n'influence pas seulement les enfants par la place qu'elle prend dans la vie familiale et les contrecoups qui en résultent. Elle le fait aussi par les effets qu'elle exerce directement sur leur esprit. Chacun sait que les enfants sont extraordinairement malléables, mais on n'y pense guère dans le cas particulier.

Il faudrait ne pas savoir ce qu'est un enfant pour s'étonner qu'il soit impressionnable et qu'il tende à imiter ce qu'on lui met sous les yeux ! Mais il faudrait vouloir l'ignorer pour ne pas songer aussi qu'à cet âge on prend des habitudes pour toute la vie, c'est-à-dire des manières de penser, des manières d'agir, des manières d'être.

Passivité ?

Rien n'est plus affligeant que le spectacle d'un grand immeuble, le soir, lorsqu'on songe qu'au même moment, à chaque étage, tout le monde est assis devant un appareil de télévision en absorbant les mêmes choses, dans la même attitude et le même mutisme. Et comment ne pas songer alors qu'à cet instant la grande majorité des Français se trouve dans le même cas ? Une sorte de paralysie frappe toute la nation en l'immobilisant, fascinée, devant l'un des spectacles livrés à son hypnose. On ne peut pas dire que la télévision soit un divertissement qui suscite l'activité. Dans ces conditions, ne risque-t-elle pas d'inculquer des habitudes de passivité aux enfants ?

C'est un reproche qu'on a toujours formulé avec insistance. L'immobilité de l'enfant devant l'écran symbolise et manifeste un abandon psychologique total. Est-ce bien l'attitude mentale qui lui permet de s'instruire ? N'est-elle pas le contraire de l'effort intellectuel et peut-on s'enrichir l'esprit et se le former sans effort ?

Il en est de la télévision comme de l'enseignement, et pour cause. Ce n'est pas pour rien qu'aux lendemains de la Libération on a préconisé les *méthodes actives* et que l'on a souligné l'insuffisance de la parole du maître, quand elle descend de haut en bas sans susciter de réponse.

Les jours n'ont que vingt-quatre heures.

Il ne fait pas de doute que les choses vues à la télévision peuvent donner parfois aux enfants l'idée de faire quelque chose eux-mêmes, à supposer qu'il ne s'agisse pas alors de velléités que d'autres viendront bientôt balayer. C'est même le trop, plutôt que le trop peu, qu'on peut craindre ici. Il reste qu'en leur mangeant leur temps libre, et même un peu l'autre, la télévision risque fort d'empêcher les enfants de réaliser les idées qu'elle leur aura suggérées.

Cette question de temps est, en dernière analyse, essentielle (4). A partir du moment où la télévision prend une place quantitativement aussi importante que l'école, il se créé un déséquilibre d'autant plus grave qu'elle est qualitativement plus forte, parce que plus impressionnante. D'une part, la vie de l'enfant n'est plus remplie d'abord par le travail de l'école et par les préoccupations qui s'y rapportent. Au contraire, l'intérêt de l'école pâlit singulièrement. Autrement dit, le temps donné à la télévision concurrence le temps pris par l'école et il en mine l'influence, tandis qu'il supprime pratiquement le temps des loisirs ouverts à l'initative personnnelle, comme aussi le temps de la vie familiale.

Un pareil changement dans l'économie du temps de l'enfance peut-il être sans conséquences psychologiques et intellectuelles ? Quelle est donc la part de temps qui finalement imprimera les habitudes et marquera le plus la personnalité ? Celle des exercices scolaires ou celle de l'ébahissement devant le kaléïdoscope moderne qui fait dans la tête comme des pluies d'étoiles filantes ?

Trop et trop vite.

Une question fondamentale doit être posée : la télévision peut-elle vraiment instruire ? Met-elle

---

(4) Jean Cazeneuve dans *Les Pouvoirs de la Télévision*, écrit : *Il n'est pas besoin d'être grand clerc pour comprendre que les heures employées à quelque distraction que ce soit sont enlevées à d'autres occupations possibles. En ce sens, la télévision, dans la mesure où elle s'impose à son public, est bien un dévoreur de temps, ce qui ne va pas sans quelques graves inconvénients.*

l'esprit dans les conditions nécessaires pour qu'il puisse assimiler, c'est-à-dire enregistrer et comprendre ? Si l'on y réfléchit, il apparaît que son efficacité didactique est réduite pour deux raisons. D'abord les images qu'elle nous offre défilent trop vite ; ensuite ce ne sont que des images.

Quels que soient les progrès de la pédagogie, depuis qu'elle arbore le panonceau de science, l'art d'enseigner reste l'art de répéter. Qu'avec les ans les maîtres poussent cet art jusqu'au rabâchage, ce n'est que l'effet de la déformation professionnelle, ou, si l'on veut, le défaut d'une qualité. Un fait demeure. Les enfants ne retiennent -et encore lorsqu'ils retiennent- que ce qu'on leur a répété et fait répéter. Les adultes aussi d'ailleurs, sauf lorsqu'ils arrivent à l'âge où ils ne peuvent plus guère retenir.

La télévision ne peut pas se permettre de laisser pointer l'ennui. Elle doit divertir, donc plaire avant tout. A cet effet, elle offre aux yeux un spectacle qui change incessamment. Les yeux sont charmés, à coup sûr. Mais qu'en est-il de l'esprit ?

Lorsqu'on fait un montage de diapositives, il faut ne pas dépasser 10 à 15 secondes pour chacune d'elles, sous peine de lasser. Or, lorsque des étudiants en biologie, par exemple, ont à étudier des coupes de tissus sous le microscope, en les dessinant pour bien les voir, ils ont deux bonnes heures pour en examiner une vingtaine. Cela fait cinq minutes pour chacune, sans parler du temps consacré antérieurement à l'étude de la question dans des livres ou dans un cours. Il leur reste ensuite à revoir leurs dessins pour l'examen, et d'ailleurs tous ne réussissent pas, parce que tous n'ont pas retenu ce qu'ils ont vu dans des conditions pourtant si favorables. Etant donné qu'à la télévision les images ne restent pas plus de quelques secondes, la cause n'est-elle pas entendue ?

Si la lecture est le meilleur moyen de s'instruire, c'est qu'elle permet de prendre son temps, de revenir en arrière pour mieux comprendre ce que l'auteur a voulu dire et pour examiner les choses avec esprit critique, en un mot de *réfléchir*. Ce mot exprime du reste bien le retour de l'esprit sur ce qu'il a perçu.

Etant donné la rapidité avec laquelle ils balaient toutes sortes de sujets, on peut se demander si les programmes de télévision peuvent réellement enseigner quelque chose quand ils ne rencontrent pas dans l'esprit une interrogation préalable ou une préparation intellectuelle suffisante. On peut craindre que les programmes de télévision, alors même qu'ils veulent faire plus que divertir, n'éveillent qu'une curiosité superficielle, sans permettre de construire en soi une culture cohérente.

Faites donc raconter à un enfant, et même à un adolescent des classes supérieures, ce qu'il a appris grâce à telle émission de la veille, dont il vous dit qu'elle était fort instructive, et vous constaterez l'extrême difficulté où il se trouve subitement, à sa grande surprise, de ressaisir des souvenirs qu'il croyait présents à sa mémoire.

Les nouveaux analphabètes.

Dans ces conditions, qu'advient-il des enfants fascinés plusieurs heures, jour après jour, par les spectacles distrayants de la télévision ? Il est fort possible que l'énergie surabondante de leur âge ne soit pas trop amoindrie le reste du temps, par l'habitude prise de *succomber* à la télévision. Mais on croira difficilement qu'ils subissent le flux prestigieux des images sans prendre l'habitude de regarder les choses de la vie, comme les choses de l'écran. Nous pouvons, du reste, préciser en quoi consiste exactement la passivité dont chacun sent bien qu'il faut parler à propos de la télévision. Elle est l'attitude mentale du badaud qui regarde un accident, par opposition à l'attitude de l'artisan qui se sert d'un outil, puisqu'il est vrai que l'homme pense aussi avec ses mains. C'est donc toute une partie de leur vie que les enfants abandonnent à la passivité du spectateur fasciné qui ne peut, faute de temps, s'approprier l'image dans sa signification intellectuelle et qui se laisse bercer par le flux et le reflux du spectacle.

Voila qui travaille inévitablement contre l'influence de l'école. Car l'école a déjà toutes les peines du monde à enseigner l'attention volontaire, qui est pénible et suppose toute une discipline, alors que les enfants ne sont guère disposés qu'à l'attention spontanée soutenue par le plaisir.

A une formation intellectuelle bien comprise, la télévision ne peut pas apporter grand-chose. Au contraire, elle risque d'aller à contre-courant si vraiment elle habitue les jeunes esprits à se satisfaire de l'apparence mobile des choses qui font, sur l'écran, *trois petits tours* au maximum avant de disparaître.

Toujours est-il que les enfants de la télévision nous donnent d'étranges résultats scolaires, quand ils n'appartiennent pas à des familles qui compensent les déficits. On est consterné lorsque l'on voit comment la plupart rédigent alors qu'ils ont déjà douze ou treize ans. Ils manifestent non seulement une ignorance incroyable de l'orthographe mais, chose infiniment plus grave, une incapacité foncière à faire des phrases tant soit peu charpentées, sur un sujet donné.

Evidemment, c'est là le résultat de beaucoup de facteurs. Il est sûr que les onomatopées à l'intérieur de *bulles*, qui sont l'essentiel du texte des bandes dessinées, ne les préparent guère à maîtriser l'usage de leur langue.

Inculture encyclopédique.

A vrai dire, les programmes d'éveil culturel ne manquent pas. Mais qu'ils puissent remplacer l'école n'est ni possible, ni souhaitable. Ils ne sauraient, à eux seuls, que faire des autodidactes. Ils pourraient cependant, et ils devraient, étoffer sur certains points, ne serait-ce qu'en l'illustrant, l'enseignement scolaire et élargir la culture des téléspectateurs sur tant de questions qui n'ont pas figuré à leurs programmes d'études et dont il est bon, pour un homme d'aujourd'hui, d'avoir au moins une teinture.

Qu'en est-il, en réalité ? Pour de bonnes émissions d'éveil à la culture que furent *Apostrophes*, et *le Grand Echiquier*, que de médiocrités ! On constate que certains jeux risquent de faire croire que la culture consiste à posséder l'érudition la plus minutieuse, alors que d'autres ne sont que de hasard et d'argent.

Les difficultés inhérentes à l'utilisation pédagogique de la télévision n'ont cependant pas empêché quelques grandes réussites, mais ces réussites sont rares. Les plus célèbres furent deux séries américaines : *Sesame Street* et *The Electric Company*. L'idée qui présida à la confection de la première était de réduire la différence entre les classes sociales pour les enfants qui arrivent à l'école, que ce soit le jardin d'enfants ou la première classe, et d'apprendre à tous ce que savent généralement ceux des milieux les plus favorisés, notamment en matière de lecture. L'efficacité de ces deux séries était due à la mise en oeuvre de tous les moyens de la télévision commerciale pour attirer et retenir l'attention. Le succès fut éclatant : les plus jeunes enfants se passionnaient et, dès l'âge de deux ans, apprenaient beaucoup de choses.

Cependant, le défaut de pareilles séries, c'est leur perfection. Elles disposent de moyens si prestigieux que, lorsque l'enfant se retrouve à l'école devant un tableau noir, où plus rien ne s'allume et ne s'éteint, ne se déplace et ne change de couleur, il trouve rapidement ennuyeuses les classes les mieux faites ! Mais il ne faut jamais dire que *la mariée est trop belle*. Remarquons plutôt que ces deux fameuses séries s'adressaient à de tout jeunes enfants. Leur succès n'est pas un hasard. Il montre bien que le niveau mental de la télévision est, par exellence, celui d'un âge pour lequel l'image est plus importante que le concept.

Quand on constate, chez nous, la débilité de certains programmes *pour la jeunesse*, on doit avouer que notre télévision est loin de faire ce que certaines chaînes américaines savent réaliser. Elle devrait pourtant se soucier davantage d'apporter au travail de l'école, par des émissions intelligemment conçues, la contribution compatible avec la nécessité où elle se trouve d'être d'abord divertissante ?

Pour le meilleur et pour le pire.

Il est malaisé de se faire, en fin de compte, une idée équitable du rôle que la télévision peut jouer dans la formation intellectuelle, tant il y a du pour et du contre. En théorie, de quoi n'est-elle pas capable, elle qui peut nous faire voir les choses mêmes et substituer ainsi au psittacisme de la culture livresque l'expérience personnelle ? Mais qu'en est-il en pratique pour ceux à qui elle prend tant et tant d'heures par semaine, et d'abord pour les enfants qui ont toujours aimé les images et qui en trouvent ici d'incomparables ? Au lieu de les porter à passer de l'image, qui est son fort, à la pensée qui est son faible, elle se contente trop souvent d'exploiter ses charmes et, quand elle papillonne sur des sujets culturels, elle ébouit plus qu'elle n'instruit.

Les *heureux de ce monde* savent y trouver leur compte. La télévision est le plus bel album encyclopédique de leur bibliothèque et ils le consultent à bon escient. Mais, pour la masse, elle est l'intruse obligée qui ne part plus et qui change le cadre de la vie mentale, autant que celui de la vie familiale. Pendant les nombreuses heures où elle s'impose, elle fait prendre aux enfants une attitude d'esprit toute différente de celle que l'école a toujours cultivée et doit cultiver encore par un effort à contre-courant. Redoutable concurrence ! La télévision est bien une autre école, et cela dès le plus jeune âge, mais quelle école ?

10 - L'IMAGE AU DETRIMENT DU CONCEPT

Jamais les enfants n'ont eu autant de temps libre et nulle part ils n'en ont plus qu'en France. On s'amusait, autrefois, à parler de la *semaine des quatre jeudis*, comme d'un rêve irréalisable. Eh bien, ça y est : nous y sommes, puisque désormais, il y a quatre jours sur sept sans école (en moyenne annuelle). Et nous avons ainsi créé la semaine des *quatre mercredis !*

Lorsque la récréation dure autant ou plus que le travail, est-elle encore récréation ? Le mot lui-même pourrait en faire douter. Se récréer, c'est se relaxer après des occupations absorbantes qui vous ont fatigués. Mais une récréation trop longue ne finit-elle pas par vous lasser ? Et n'est-ce pas ce qui arrive lorsque l'on passe plusieurs heures par jour les yeux fixés sur un écran ? N'est-il pas malsain d'avoir de ce passe-temps un besoin si impératif que, si l'on en est privé, on tourne en rond comme un intoxiqué à qui manque sa dose quotidienne de tabac, d'alcool ou de drogue ?

Aujourd'hui, la télévision est le grand -pour ne pas dire souvent l'unique- divertissement. C'est un fait sur lequel il serait utopique de prétendre revenir. On peut seulement essayer de voir comment, dans le pouvoir qu'elle a de divertir et de répondre ainsi à un besoin normal, elle dévie et en vient, surtout pour les enfants, à atteindre ce qu'il faut bien appeler un seuil de nocivité.

Les enseignants savent que leurs meilleurs élèves sont ceux qui ne passent pas trop de temps à la télévision.

Le plus grave, c'est que de nombreux parents, au lieu d'imposer l'indispensable discipline et d'en donner l'exemple, font -souvent inconsciemment- de cet abus de la télévision par leurs enfants, une pièce maîtresse de leur système éducatif. Ils l'utilisent pour avoir des *enfants sages.* Les enfants sages sont, comme chacun sait, les enfants qui ne crient pas, ne se disputent pas, ne cassent rien, n'ont pas d'initiatives intempestives, bref n'ont pas besoin d'être constamment surveillés et n'exigent pas que l'on soit là pour répondre à leurs *pourquoi ?* ou autres questions indignes d'un adulte. Rien de tel qu'un poste de télévision pour obtenir ce merveilleux résultat. Lorsqu'ils rentrent de l'école avant que leurs parents ne rentrent eux-mêmes du travail, les enfants ne sont plus tentés d'aller courir dehors et de faire Dieu sait quoi. Ils s'installent devant la boîte magique et ils avalent sagement toutes les tranches de programmes qui leur sont destinées jusque vers 19 h. Ils sont alors tout disposés à avaler encore le programme des adultes. A vrai dire, ce n'est pas désagréable puisque les adultes peuvent aussi l'absorber tranquillement, quitte à faire un petit acte d'autorité pour imposer leur choix. De cette façon le repas lui-même peut se passer en toute sérénité. Il y a bien parfois un petit drame en fin de soirée, quand il faut tout de même se décider à envoyer les enfants au lit. Il n'y a pas de *valium* ou de *gardénal* qui vaille cela, sans parler des tisanes de grand-mère. C'est le plus efficace des soporifiques.

La réflexion sacrifiée.

Parmi toutes les conséquences que produit cette fascination chez les jeunes, il faut souligner le changement total qui s'est produit dans leurs divertissements. On peut chicaner sur bien des points et dire, par exemple, que la télévision leur donne des idées, leur suggère des initiatives, etc. Ne doit-on pas dire également qu'ils peuvent aujourd'hui apprendre plus de choses grâce à tous les documentaires qu'on leur offre ? Ne connaissent-ils pas ainsi la Terre mieux qu'en lisant, comme autrefois, les récits de voyages ? Bref, la télévision ne leur offre-t-elle pas à tous des récréations d'une richesse culturelle bien supérieure à celle qu'un petit nombre seulement savait trouver dans les livres ?

L'argumentation est spécieuse et, pour la réfuter, il faut aller un peu derrière les apparences. L'inefficacité croissante de l'école, depuis quelques années, nous y invite. A quoi tient-elle, en effet ? Les programmes scolaires, à partir d'un certain niveau, privilégient de plus en plus les sciences et d'abord les sciences abstraites ; elles exigent donc un haut développement de la pensée conceptuelle et combinatrice. Cette pensée-là -nul ne l'ignore aujourd'hui, après les travaux de Wallon et de Piaget-, est aussi étroitement liée que possible à la possession du langage. D'abord asservie aux données immédiates de l'expérience sensible, l'intelligence de l'enfant s'émancipe : elle substitue peu à peu des conduites verbales aux conduites sensorielles ; elle travaille de plus en plus avec des mots et des phrases au lieu d'être empêtrée dans l'image des choses ; bref, elle s'élève au conceptuel. Elle y gagne une facilité croissante dans la manipulation des objets, puisqu'elle n'est plus astreinte à suivre le rythme de leurs manifestations dans le temps, ni à s'arrêter à leurs limites dans l'espace, ni à se perdre dans le dédale de leur indéfinie multiplicité.

Comment en arrive-t-elle là ? Grâce au langage, car, dit Piaget *contrairement aux autres instruments sémiotiques (images, etc...) qui sont construits par l'individu, au fur et à mesure des besoins, le langage est tout élaboré socialement et contient d'avance, à l'usage des individus qui l'apprennent avant de contribuer à l'enrichir, un ensemble d'instruments cognitifs (relations, classifications, etc.) au service de la pensée* (1). Acquérir une langue -et cela se fait en quelques mois pour un enfant-, c'est hériter de l'expérience des siècles en prenant possession des outils

---

(2) Cité par André Kedros, "La lecture au secours du langage", dans *l'Education* n° 341.

conceptuels qui servent à manier intellectuellement les choses du milieu où cette langue s'est développée. La science ne peut qu'affiner cet outillage, ce qui faisait dire à Condillac : *La science est une langue bien faite.* Qu'on songe par exemple (en souvenir du jeune Blaise Pascal) à la notion de cercle, substituée à celle de rond, de droite substituée à celle de barre, ou bien encore à la notion de tissu englobant le sang et les os aussi bien que les muscles. Il est, dès lors, évident que l'enfant ne progresse dans la connaissance vraie des choses que grâce à ces concepts abstraits qui empruntent toute leur consistance psychologique au langage bien qu'ils s'appuient de loin, et souvent de très loin, sur l'expérience concrète.

Or, qu'arrive-t-il en réalité ? demande André Kedros. *L'environnement de l'enfant est de plus en plus dominé par l'audiovisuel : télévision, cinéma, disques, magazines illustrés, bandes dessinées...* Il s'agit d'un environnement qui demande surtout des *adaptations sensorio-motrices limitées à l'espace et au temps proches*, pour reprendre la formule de Piaget. Donc un environnement qui ne favorise guère l'acquisition et la maîtrise du langage, ni l'adaptation scolaire à des matières abstraites. Voilà bien le fond de la question !

On comprend dès lors l'avance des enfants issus de milieux plus cultivés, ce qui, en général, veut dire économiquement favorisés. Chez eux, si le langage des parents est plus élaboré, c'est parce que les habitudes de lecture s'y conservent encore un peu. Au contraire, les enfants des milieux plus populaires, ou moins soucieux de culture, sont abandonnés à la télévision. Cela signifie qu'ils sont condamnés au niveau de la pensée par images. A ce niveau, rien ne les habitue à l'effort d'abstraction qu'exige au contraire la lecture. Cela signifie, ensuite, qu'ils n'ont plus le temps de lire les livres pour enfants, romans et récits, en particulier . Ces livres, étrangers à la lettre des programmes scolaires, loin de prendre du temps en pure perte, assurent un premier enrichissement du langage et font contracter le goût de lire, rendant ainsi possibles ultérieurement des lectures plus difficiles dont la syntaxe plus compliquée et le style plus raffiné feront progresser encore dans le maniement de la pensée formelle. C'est ce maniement qui est exigé par la pratique des sciences abstraites, plus encore qu'elle n'y entraîne. Au contraire, la télévision nous met dans une attitude mentale qui s'en passe à peu près complètement, car elle ne s'adresse guère qu'à notre imagination et à notre sensibilité pour nous donner le plaisir de rêver un peu. Abandonner le livre pour la télévision, c'est donc échanger la proie pour l'ombre et la nourriture solide pour du vent.

11 - QUI PENSE AUX ENFANTS ?

On parle beaucoup aujourd'hui de la démission des parents. Le phénomène est trop général pour pouvoir résulter seulement de comportements individuels. Il tient en grande partie aux conditions de la vie moderne, autant qu'à un dépérissement des convictions traditionnelles alors que se cherchent encore celles qui pourraient les remplacer. Pour toutes sortes de raisons, la famille n'est plus le lieu privilégié de la vie de l'enfant et l'école n'est plus un prolongement de la famille. L'enfant appartient surtout au monde de ses camarades et ce monde-là se forme dans une large mesure en dehors des familles. A quelles influences est-il soumis ? On est alors tenté de répondre : entre autres et peut-être d'abord à celle de la télévision. Mais pour quelle éducation ? Voilà le problème et sans doute pour longtemps...

Instruction et Education.

En matière de psychologie sociale, il est imprudent de croire qu'on peut attribuer un rôle à la première cause venue, sous prétexte qu'elle est reconnue par le sens commun. On fait couramment de la télévision un bouc émissaire et, du reste, le seul... C'est là une raison de se méfier et de soulever une objection préalable : n'exagère-t-on pas en lui attribuant tant d'influence ? Les enquêtes faites depuis un quart de siècle n'obligent-elles pas à quelque réserve sur ce chapitre ? Si la télévision n'instruit pas autant qu'on avait pu le croire et qu'on pourrait le souhaiter, ne doit-on pas penser que son influence est limitée aussi en matière d'éducation, c'est-à-dire quand il s'agit de transmettre non plus des choses à savoir, mais, plus généralement, des manières d'être et de réagir ?

Ne nous hâtons pas de conclure, par analogie, de l'instruction à l'éducation. Ce n'est pas la même chose. L'instruction a trait aux objets de la connaissance. Elle est, dans une certaine mesure, affaire de quantité. L'éducation concerne les habitudes profondes et la forme qu'elles impriment aux tendances de l'individu. C'est alors une question de qualité. On peut très bien refuser tout intérêt studieux aux émissions culturelles, s'échapper dans l'indifférence, ne recevoir les images que comme images et non comme représentations de choses à mieux connaître, et en même temps, être profondément sensible au plaisir de musarder à travers mille choses diverses. On risquerait alors de penser que la vie de l'esprit consiste non pas en un long et patient travail, mais en ces incursions faciles parmi les apparences que le monde offre à la caméra. On pourra dire que la télévision n'apprend pas grand chose. On ne pourra nier qu'elle influence de manière décisive le comportement. En bref, elle aura trompé ses fidèles sur ce qu'est la vie de l'esprit en contribuant à rendre les enfants plus réfractaires à cette vie de l'esprit.

Selon ce que vous serez...

Si l'on cherche à mesurer l'influence exercée par la télévision sur les opinions et les comportements sachons que les affrontements sur ce sujet sont nombreux et anciens. Au début, en raison de l'étonnement produit par ce nouvel instrument, on a eu tendance à l'exagérer et à penser qu'avec des images, on ferait de *l'homme de la masse* tout ce qu'on voudrait. Une réaction s'est produite assez vite. Les spécialistes ont pris leurs distances par rapport à l'opinion commune, en arguant qu'aucune expérience, ou observation, incontestable ne leur avait permis d'établir avec certitude que la pornographie et la violence au cinéma favorisaient la pornographie et la violence dans la vie. Mais, les enquêtes se multipliant, il leur a fallu constater que l'influence est loin d'être nulle, bien qu'elle ne soit pas automatique et générale, comme on l'avait craint d'abord, en oubliant qu'elle n'est qu'un facteur parmi d'autres et que l'esprit critique peut se réveiller et se développer.

Où en est-on aujourd'hui ?

Eh bien, on en vient de plus en plus à distinguer les différentes catégories de téléspectateurs, au lieu de produire des affirmations de portée générale. On constate, par exemple, que l'influence sur les gros consommateurs n'est pas la même que sur les autres. C'est ainsi que les premiers retirent des spectacles de violence l'impression d'être personnellement en danger. Ils surestiment le degré de violence dans le monde où ils vivent. En fait, ils ne la connaissent guère puisqu'ils passent leur temps à regarder la télévision, d'après laquelle ils l'évaluent. C'est pourquoi ils sont enclins à penser que les honnêtes gens courent de plus en plus de risques graves.

Puisque l'on doit mettre les enfants dans la catégorie des gros consommateurs de télévision, reconnaissons que, sur eux aussi, l'influence est inévitable. Mais il ne suffit pas d'extrapoler à leur cas les observations faites sur des adultes, ainsi qu'on se contente trop souvent de le faire. Il faudrait se demander si l'influence qu'ils subissent n'est pas différente non seulement quantitativement, puisqu'ils sont plus impressionnables, mais qualitativement. Songeons, par exemple, à ce qui se passe dans le domaine physique. L'adulte qui manque de calcium finit par se casser un bras ou une jambe sans avoir rien remarqué qui avertisse de son état. Par contre, l'enfant qui est affecté de la même carence devient rachitique et son squelette ne tarde pas à se déformer, parfois définitivement.

Les plus vulnérables sont les enfants.

Que se passe-t-il dans le cas de la télévision ? En quoi les enfants sont-ils exposés à être atteints autrement que les adultes ? Plusieurs facteurs interviennent. Tout d'abord les enfants ne suivent pas les images de l'écran avec les mêmes yeux que les adultes. Il faudrait ne les avoir jamais regardés eux-mêmes, devant un poste récepteur, pour en douter. Ils sont littéralement fascinés. La télévision représente pour eux un ordre de réalité aussi réel que le réel.

A cette impression, rien ne fait obstacle pendant longtemps. Ce n'est pas pour rien que les jeunes enfants n'ont pas, comme on dit, l'âge de raison. La raison est essentiellement sens du réel et esprit critique, capacité d'apprécier la vérité des choses et de la distinguer des apparences ou des illusions. Tant que la raison n'intervient pas, toute image est plus ou moins une hallucination. D'où s'explique l'effet d'envoûtement que le petit écran produit sur les jeunes téléspectateurs. On peut alors prétendre qu'ils en sont plus fortement affectés que les adultes. Mais ils le sont autrement. Car ils n'ont pas d'idées préalables et d'habitudes qui font obstacle à certaines influences, tandis qu'elles en favorisent d'autres. Ils sont non seulement une cire molle, mais une cire vierge.

De fait, ils ont encore des habitudes à acquérir, alors que les adultes en auraient plutôt à perdre. Ils sont disponibles pour toutes les influences et avides de les subir afin de ressembler aux grandes personnes qu'ils admirent. Il est naturel que l'adulte, ancré dans les habitudes qui lui permettent de se sentir bien adapté à ses conditions de vie, ne veuille pas en changer. Mais l'enfant est curieux de savoir comment il doit faire, et ce qu'il voit faire lui apparaît comme ayant valeur d'indication et force d'exemple. Il n'a pas encore quelque chose de bien déterminé à y opposer. Il réagira donc souvent par l'imitation là où l'adulte répondra par le refus. Il sera heurté là où l'adulte restera indifférent. Il sera marqué là où la chose vue, ou dite, glissera sur l'adulte comme l'eau sur les plumes d'un canard.

Il en va pour l'enfant dans tous les domaines comme en matière de langage. Chacun a pu observer avec quelle déconcertante facilité les petits enfants apprennent une langue étrangère. Chantez *Frère Jacques* deux ou trois fois devant un petit Anglais, ou un petit Allemand de trois ou quatre ans. Vous l'entendrez deux jours après, chantonner en balbutiant d'une manière assez correcte ces paroles que pourtant il ne comprend pas. Mais envoyez un adulte à l'école X ou Y, qui se flatte de vous apprendre toutes les langues par la joie, et vous verrez le temps qu'il lui faudra pour répéter correctement deux phrases d'une autre langue !

On raisonne trop à propos des enfants en oubliant qu'ils remarquent et retiennent ce qui ne nous fait, à nous, aucune impression. Et surtout, on oublie que ce qui les impressionne affectivement prend dans leur conscience une valeur pour ainsi dire normative, la valeur d'un type, ou d'un modèle, d'après lesquels désormais ils jugeront ce qu'ils verront et ce qui arrivera dans leur vie. L'image du monde qui leur est donnée par la télévision est inévitablement reçue par eux comme étant la réalité même. Avec le prestige qu'elle possède à leurs yeux et avec la quantité de temps pendant lequel ils la subissent, comment ne déterminerait-elle pas les habitudes d'esprit qu'ils sont en train d'acquérir ? Ils voient d'autant moins la nature et l'humanité qu'ils regardent plus la télévision. Comment ne serait-ce pas à travers elle qu'ils apprennent ce qu'est le monde ? Comment surtout n'est-ce pas elle qui orienterait cette volonté de puissance et cette volonté de jouissance qui sont le fond de l'être humain ?

La publicité n'oublie pas les enfants.

Les professionnels de la publicité savent combien les enfants influencent leurs parents dans le choix des marques de produits de consommation courante, tels que les biscuits, les boissons et, sous l'influence américaine toujours, les céréales. Un grand nombre de familles associent même leurs enfants aux discussions préalables à l'achat de produits d'équipement familial tels que la voiture, le récepteur de télévision, ou le magnétoscope et la chaîne HIFi.

De surcroît, les enfants sont très rapidement libres de leurs choix pour tout ce qui a trait à leurs loisirs. Ils bénéficient même d'une autonomie d'achat relativement importante pour les produits moins onéreux, comme les friandises pour les garçons et le maquillage pour les jeunes filles.

Les *enfants de la télévision* vivent dans des foyers qui bénéficient d'un important équipement audiovisuel. Beaucoup disposent même d'un poste personnel et la plupart reconnaissent qu'il leur manquerait s'ils ne pouvaient regarder leurs programmes favoris. Ils en attendent toujours davantage d'humour, toujours davantage d'évasion, grâce à des reportages et à des émissions principalement sur les animaux ou les aventures. Ils sont également gros consommateurs de films, et bien sûr, de dessins animés.

S'ils aiment la publicité, ils ne perdent cependant pas pour autant leur sens critique. Très tôt, ils savent son rôle informatif, mais ils sont conscients de l'univers onirique qu'elle créé et de sa stimulation dans l'acte d'achat.

Attachés au cocon familial, où ils sont sans doute plus protégés et gatés qu'auparavant, parce qu'ils prennent une part active à la vie économique de la famille, les professionnels de la publicité s'intéressent à eux afin de bien connaître ce public, et d'obtenir sa confiance. Les jeunes des années 90 constituent une génération que les spécialistes suivent avec intérêt ... professionnel. C'est-à-dire nullement pour son développement humain. Beaucoup plus, en apprenant à communiquer avec elle, pour la séduire et la fidéliser dès aujourd'hui pour mieux la conserver demain...

VIe partie

-=-=-=-

VIOLENCE ET TELEVISION

12 - RETOUR DE L'ETAT DE DROIT A L'ETAT DE NATURE

13 - LES CENT VISAGES DE LA VIOLENCE

14 - LA VIOLENCE EST-ELLE SI NÉCESSAIRE A LA TELEVISION ?

15 - LA TELEVISION, MIROIR DE L'ÉPOQUE

12 - RETOUR DE L'ETAT DE DROIT À L'ETAT DE NATURE

Personne aujourd'hui ne s'étonnera de voir mettre en rapport télévision et violence. Il est évident qu'en diffusant des images, tant fictives que réelles, du monde et de la vie, la télévision nous donne le spectacle de la violence, qui marque si fort notre présent. Voilà un premier aspect.

Mais il existe un deuxième rapport, moins généralement perçu, entre télévision et violence. En peu de temps et parce que la télévision a pris une place essentielle dans notre vie quotidienne, elle est devenue le grand moyen de distraction, le seul, pourrait-on dire. Mais nous nous apercevons de plus en plus qu'elle joue aussi un autre rôle grâce au pouvoir qu'elle possède sur nos esprits. Elle nous influence et ce n'est pas toujours dans le sens que nous souhaiterions. Que l'on songe à la propagande politique, à la publicité -agressive à l'égard de ceux qu'elle affole ou séduit-, à la sous-culture enfin, qu'elle diffuse après lui avoir conféré le prestige de l'image. Elle ajoute par là aux violences du monde qu'on lui reproche déjà de refléter avec trop de complaisance.

Hier encore, nous pouvions parler des problèmes de Naples ou de Chicago avec le même détachement que des maladies tropicales dont, pendant longtemps, nous avons été préservés. Nous nous sentions, non sans une secrète satisfaction, dans un tout autre monde. Mais voilà que, sous nos yeux, et depuis quelques années, tout change. La violence, monstre multiforme, menace maintenant partout.

Cette situation nous étonne, bien que les journaux en aient fait depuis longtemps leur pain quotidien. Si nous n'arrivons cependant pas à nous y habituer totalement, c'est qu'elle nous paraît s'aggraver de jour en jour. Les exploits du banditisme sont comme les records sportifs : en rapide progression. Ils constituent, en France comme ailleurs, le phénomène majeur de cette fin de siècle. Notre société nous semble regresser vers ce que les philosophes de la politique appelaient, par opposition à "l'état de droit", "l'état de nature" ; un état où les individus ne connaissent que les rapports de force utilisant la ruse et la violence.

Caïn.

L'homme a toujours été *un loup pour l'homme* et l'état normal de l'humanité, pour reprendre une expression de Hobbes, *la guerre de tous contre tous*, à ceci près que, suivant le régime politique, telle ou telle catégorie de citoyens a le privilège d'exercer la violence sans la subir. Dès que la possibilité est offerte ou que la tentation est trop forte, beaucoup d'hommes ont en effet recours à la violence comme s'ils étaient dans la jungle. Darwin a montré que le monde animal a comme loi la lutte pour la vie. En vertu de ses origines, l'espèce humaine n'échappe pas à cette loi. Mieux -ou pire- elle utilise les ressources de l'esprit pour combattre plus efficacement encore !

Au commencement de *la Légende des siècles*, Victor Hugo ne manque pas d'évoquer la figure de Caïn. Il lui fait symboliser le crime poursuivi par le remords. Mais le récit biblique semble plutôt vouloir dire que, dès ses origines, c'est-à-dire au plus intime de lui-même, l'homme porte la violence.

La civilisation n'a-t-elle pas changé ce fond de sauvagerie primitive ? Beaucoup voudraient le croire et cherchent une théorie qui promette la réconciliation de l'homme avec l'homme. Mais ouvrons les yeux. Chaque jour Caïn se déchaîne contre Abel. Il opprime des innocents, il fait du chantage, il extorque ce qu'il convoite, il empoisonne, il torture, il assassine. Sous une forme ou sous une autre, c'est l'éternel visage de la violence.

Autant le mythe de Caïn et d'Abel nous fait sentir ce qu'est la violence, autant nous avons cependant de peine à en saisir toutes les conséquences, car elles ne sont pas seulement matérielles ou physiques !

La violence, en effet, ne cause pas seulement des dommages à ses victimes. Chez ceux qui se trouvent dans son rayon d'action, elle provoque une inquiétude. Ils la perçoivent comme une menace. Plus elle se répand, plus le sentiment d'insécurité augmente et c'est d'après ce sentiment que le public en mesure la montée.

Pour nouvelle qu'elle soit, cette impression s'est notablement accrue au cours des années 70. Est-ce à dire que les actes de violence se soient effectivement multipliés ? Ou bien cet état subjectif tient-il à d'autres facteurs qui amplifient les faits réels et font qu'ils frappent davantage notre imagination ? Il est nécessaire de répondre à ces questions pour déterminer, d'une part, le point où la violence en est arrivée dans l'évolution de la société contemporaine et, d'autre part, le rôle possible des médias dans l'idée que nous nous en faisons.

Le bon vieux temps ?

Si la violence a toujours existé et si elle traduit le fond même de l'homme, au point que les psychanalistes parlent de l'instinct de mort, ne peut-on conclure qu'elle n'est pas vraiment pire aujourd'hui qu'hier et que, si nous le pensons, c'est en vertu d'une illusion d'optique ? Le Paris du *Grand Siècle* était un coupe-gorge à côté de celui d'aujourd'hui.

Plus près de nous, la situation n'était pas idéale non plus. En 1884, l'ancien chef de service de la Sureté affirmait : *L'inquiétude est générale. Si à une époque le veilleur de nuit criait : Tout est calme. Bons parisiens, dormez ! Aujourd'hui nous sommes près d'entendre : Sentinelles, veillez, Sentinelles, prenez garde à vous !* (1).

Phénomène mondial

Malgrè un palmarès déjà impressionnant, il faut constater que la France ne détient pas le record de la violence. Notre pays est dépassé, et de loin, par les Etats-Unis où l'urbanisation inconsidérée fait vivre les hommes dans des conditions inhumaines, favorables aux pires réactions.

En fait, la progression de la violence paraît bien être un phénomène général dans les pays industrialisés. Ce n'est pas pour nous une consolation, mais plutôt un sujet supplémentaire d'inquiétude. Le public français est d'autant plus sensibilisé qu'il voit la violence sévir en d'autres pays et, de ce fait, prendre une place de plus en plus grande dans les informations quotidiennes. Il s'inquiète de constater que les bandes de trafiquants sont internationales, que les filières de voleurs ou de terroristes débordent les frontières. Il n'y a pas seulement généralisation, il y a internationalisation de la violence.

Mais on voit bien aussi que la connaissance que nous avons de la violence et le sentiment croissant d'insécurité qui en résulte tient en grande partie aux médias. Ce n'est pas par notre expérience personnelle ou par celle de nos proches que nous pouvons mesurer la progression nationale ou mondiale de la criminalité et de la délinquance. On observe, au contraire, que le sentiment d'insécurité croît dans l'opinion lorsque la presse écrite et parlée traite de ces affaires. On découvre aussi que, plus une population s'intéresse à la rubrique des faits divers, plus elle

---

(1) G. Pace, *Le service de la Sûreté*, cité par *Réponses à la violence*, p. 36, La Documentation Française, Paris, Juillet 1977 (publication du comité d'étude sur la violence, la délinquance et la criminalité créé par décret du 23 mars et arrêté du 16 avril 1976 - édité également par Presses Pocket, 1977).

éprouve le sentiment d'insécurité que ce genre de nouvelles est propre à inspirer.

Faut-il déplorer ce rôle des médias ? Ils font sans doute que beaucoup s'exagèrent la détérioration de la situation. Mais cette détérioration est un fait qu'il est bon de connaître.

Reste à savoir si les médias, et notamment la télévision qui montre les événements, ne contribuent pas à répandre la violence, soit en exacerbant les réactions de défense, soit surtout en en rendant l'exemple contagieux.

Voilà qui donne à réfléchir. Certes, il faut se méfier des généralisations hâtives et ne pas croire qu'un pareil phénomène puisse n'être rapporté qu'à une seule cause. Mais comment ne pas se demander si la télévision n'y serait pas pour quelque chose, elle qui est la grande passion d'aujourd'hui ?

Parce qu'elle doit informer, elle donne chaque jour le spectacle des drames et des cruautés qui se déchaînent à travers le monde, et l'on ne peut pas dire qu'elle le fasse toujours avec sobriété. Mais, parce qu'elle doit distraire, elle y ajoute, avec plus d'abondance encore, les spectacles de la violence imaginaire, qui demeure le sujet favori des films et des oeuvres de fiction. Or, elle touche tous les publics : enfants, adolescents, adultes et les fascine tous. C'est surtout par elle que nous avons l'impression de vivre dans un climat changé et d'assister à une dégradation irrésistible de la civilisation. La vision du monde qu'elle nous présente peut-elle à la longue rester sans effet ?

13 - LES CENT VISAGES DE LA VIOLENCE

Si le mot *violence* est difficile à définir, c'est qu'il implique non seulement une constatation, mais encore un jugement. Il constate l'emploi de la force, mais en même temps, il la réprouve ou, au moins, il la fait ressentir comme une anomalie.

Pour qu'il y ait violence, il faut d'abord qu'une force soit en jeu et qu'elle exerce une contrainte obligeant autrui à faire ou à subir ce qu'il ne veut pas. Peu importe qu'il s'agisse de force physique, comme dans un crime, de pression morale, comme dans l'intimidation, ou de supériorité intellectuelle, comme dans l'escroquerie. Dans tous les cas de "violence", le résultat n'aurait pas lieu sans l'action de la force en question. Il est de fait que la vie moderne, surtout dans les villes, a multiplié les conditions favorables à l'accumulation intérieure de la violence et à son explosion.

La réalité dépasse la fiction.

Si fertile que soit l'imagination des auteurs de romans et de films policiers, quand ils nous présentent leurs variations sur la violence, ils ne peuvent toujours rivaliser avec la réalité. Mais qu'importe, puisque la réalité aussi nous est offerte par les médias.

On peut, ici, faire allusion à la diffusion par la télévision d'un film américain qui avait pour titre évocateur : l'*Incident*. Le sujet du scénario en était l'attaque de groupes successifs de passagers du métro par une bande de jeunes voyous, sous l'oeil lâchement indifférent de l'ensemble des voyageurs dont aucun n'allait intervenir. C'était la fiction. Peu de temps après, ce scénario fut réellement vécu sur une ligne de métro de Paris ; ses acteurs passèrent en justice et se contentèrent de déclarer *qu'ils s'étaient bien amusés.*

On peut également faire mention d'un autre *fait divers* dont les auteurs jouaient sur les routes de banlieue aux auto-tamponneuses. Ils tuèrent ainsi une jeune mère de famille en précipitant sa voiture disloquée dans un fossé.

On pourrait aussi relever qu'avant deux fameux cambriolages, par les égouts, de bureaux et de coffres de la Société générale à Nice et dans l'île Saint-Louis, un film a montré une opération semblable contre une banque de Genève. Mais ce film se terminait d'une façon moins rocambolesque que ne le fut l'évasion de Spagieri sautant du bureau du juge d'instruction dans la rue et disparaissant...

Et quel scénariste aurait imaginé une opération comme celle de l'enlèvement de Hanns-Martin Schleyer en pleine ville de Cologne avec quatre gardes du corps abattus, un suspense de plusieurs semaines, une prise d'otages dans le Boeing de la Lufthansa, qui devait quitter Doubaï, faire un atterrissage des plus risqués hors piste normale à Aden, perdre son pilote abattu par les terroristes à Mogadiscio, être libéré par une opération de commando semblable à celle des Israéliens à Entebbé ; après quoi, au suicide de Baader et de deux complices devait s'ajouter, pour dénouer la tragédie du chantage subi par le gouvernement allemand, l'assassinat de Schleyer !

Reprocherons-nous aux médias de nous avoir fait vivre ce drame pour ainsi dire heure par heure ? Certainement pas, car nous ne pouvons pas plus ignorer de pareils faits que les épreuves inhumaines subies par le Cambodge, le Liban, la Somalie, l'Afghanistan, l'ancienne Yougoslavie, etc... Presque tout ce qui se passe d'horrible dans le monde nous est rapporté et, si possible, montré. La trame des informations est faite souvent de violences et de cruautés qui dépassent l'imagination. Cette surabondance ne peut qu'avoir des conséquences sur la mentalité des télé-spectateurs que nous sommes ! Même s'il est reconnu, avec Jean Cazeneuve, que *Tout ce qui est reçu l'est selon celui qui reçoit.*

Violences collectives.

De même que les jeunes ont un surplus d'énergie qu'ils dépensent parfois en violences accomplies en bandes, les groupes et les peuples sont pris, de temps en temps, de frénésie guerrière. Les dictateurs savent en profiter pour détourner des difficultés intérieures l'attention des nations qu'ils dominent. Alors, tout un pays est soulevé par l'esprit de conquête.

La télévision nous en présente régulièrement les images. C'est ainsi qu'elle a retracé en de grandes fresques les tueries de la dernière guerre mondiale. Mais elle a montré aussi la guerre du Vietnam, d'une façon qui a pesé efficacement dans l'évolution même de cette guerre.

Autant dire que la guerre ne cesse pas et que nous nous habituons à en voir les images atroces sur notre écran de télévision (1).

Violences des dictatures.

Il y a souvent quelque chose de purement bestial dans les explosions de violence individuelle ou collective ; c'est terrible, mais, si l'on peut dire, naturel. Il en va autrement quand la violence devient un procédé de gouvernement froidement appliqué. Elle est encore plus monstrueuse.

---

(1) Près de 150 guerres dites régionales, -par opposition aux deux guerres mondiales de 14-18 et 39-45-, depuis 1945 et plus de 40 millions de morts !

Nul n'ignore aujourd'hui ce qui s'est passé en Europe de l'Est. Il suffit d'avoir eu un entretien à coeur ouvert avec des hommes de ces pays pour mesurer la violence dont ils furent victimes et savoir ce que signifie *vivre sous une dictature.* On sait également ce qu'il en fut au Chili, en Ouganda et, à des degrés différents, en de nombreux pays, que ce soit en Amérique du Sud ou en Asie, au Moyen-Orient ou en Afrique.

A cause des médias en général, et de la télévision en particulier, personne aujourd'hui ne peut plus ignorer ces abominations.

Violences sociales et violences économiques

La raison du plus fort est toujours la meilleure, c'est-à-dire qu'elle triomphe toujours, bien qu'elle ne soit pas raison. Montesquieu était bien optimiste lorsqu'il renversait la formule en disant que *la raison la meilleure est toujours la plus forte.* En réalité, la société prend trop souvent la forme que lui donnent les rapports de force, souvent au mépris de toute raison.

En régime capitaliste, elle est la conséquence de la concurrence, dans les limites des lois, mais souvent aussi en dehors de ces limites... Depuis le roman d'Emile Zola *Au bonheur des Dames*, jusqu'aux petits commerçants d'aujourd'hui ruinés par l'ouverture d'un supermarché, c'est toujours la même violence faite au plus faible par le plus fort.

Les victimes de toute crise économique n'ont pas tort d'éprouver comme violence les dommages que leur causent le chômage et la baisse de leur pouvoir d'achat.

La violence des terroristes.

La société n'est pas juste. Elle ne peut donc satisfaire tous les droits qui devraient être reconnus. Jean-Jacques Rousseau l'avouait même lorsqu'il écrivait : *A prendre le terme dans la rigueur de l'acceptation, il n'a jamais existé de véritable démocratie, et il n'en existera jamais. Il est contre l'ordre naturel que le grand nombre gouverne et que le petit soit gouverné (2).*

Dans un régime démocratique, la minorité a pourtant un certain nombre de moyens de se faire entendre et c'est pourquoi il y a démocratie. Elle n'est pas réduite au silence comme ailleurs. Il est sans doute regrettable qu'elle n'ait pas toujours satisfaction, mais elle ne saurait y réussir sans aller contre l'avis et souvent les droits de la majorité, ce qui serait -par définition- faire une violence plus grande que celle dont elle se plaint.

Certaines minorités voient actuellement les choses autrement. Séduites par les méthodes du banditisme, telles qu'elles se sont développées et répandues depuis les dernières guerres, à l'imitation des commandos et des groupes de résistance, il est des agitateurs qui estiment tous les moyens permis pour faire triompher leurs idées. Ils se comportent dans un pays démocratique, où ils ont autant de droits que tout le monde, comme les sujets d'une tyrannie ou les combattants d'un peuple opprimé par un occupant. De là, des actions terroristes telles que prises d'otages et autres attentats. Tout se passe comme si certains estimaient légitime d'employer la violence contre toute contrainte, même si celle-ci est la contrepartie inévitable d'un ordre légalement institué pour servir le bien commun. C'est là le signe de la dégradation de l'esprit public dans un monde où la violence finit par apparaître comme normale.

---

(2) J.-J. Rousseau, *Du contrat social,* III, 4.

Ceux qui, chez nous, sont tentés de réagir par la violence cèdent à un vertige, symptôme d'une maladie sociale qui, selon toute vraisemblance, contribue à libérer leur pathologie personnelle.

On ne peut pas ne pas se demander si, en reflétant les cent visages de cette violence, dont elle doit nous informer, la télévision ne fait pas empirer les choses. De fait, chacun se le demande-t-il aujourd'hui ?

14 - LA VIOLENCE EST-ELLE SI NÉCESSAIRE À LA TÉLÉVISION ?

Du théâtre antique aux westerns et autres séries policières que nous présente la télévision, la technique employée pour attirer les foules et retenir leur attention a toujours été de faire appel à leur émotivité. Les deux *ressorts* les plus éprouvés furent de tous temps l'amour (on dit maintenant le sexe) et la violence.

Est-il exagéré de penser qu'il existe une certaine continuité depuis les tragédies antiques en passant par Shakespeare, Corneille, Racine et les romantiques pour aboutir aux romans policiers, puis aux films et téléfilms de violence dont beaucoup se régalent, y compris bien des intellectuels, même lorsqu'ils n'osent guère l'avouer ? Deux thèmes demeurent, quel que soit le genre et quelle que soit l'époque : l'amour et la mort, la mort et l'amour ! Cela se renouvelle chaque soir et, déjà, chaque après-midi pour les retraités et ceux qui ont congé. Il est bien loin, dans la province, le temps où les seules et rares occasions de distractions étaient les fêtes patronales, les veillées, le passage d'un cirque ambulant, et, à Paris, le temps des théâtres et de l'Opéra.

Chacun peut désormais posséder ce que les milliardaires d'il y a seulement cinquante ans n'osaient rêver s'offrir : le spectacle à domicile, chaque jour de l'année, et à toute heure du jour, dans une surabondance qui créé l'embarras du choix.

Or, dans cette profusion de divertissements, la violence tient la première place, et elle se multiplie sans que diminue son pouvoir d'attraction. Car l'attrait de la violence est plus fort que tout. La pornographie ne fait plus tellement recette au cinéma. Elle reste un créneau qui ne peut être exploité qu'à certaines heures et à certaines conditions à la télévision, et n'apporte pas tellement d'audience ni de *parts de marché.* Se trouvent donc invariablement au *hit parade* du succès, les émissions où la violence est la mieux exploitée. Mais, pour bien comprendre la situation, il faut répondre à deux questions : quelle forme et quel degré d'intensité donne la télévision à cette violence ? Quel rôle les médias accordent-ils à la demande qu'en fait le public ?

Formes et degré de violence.

Il s'agit, d'abord, de savoir quels sont les formes et le degré de réalisme qui sont supportables par les différentes catégories de téléspectateurs.

D'autre part, s'agit-il d'une violence simple pour ne pas dire simpliste ou d'une cruauté délibérée ? S'attarde-t-on en gros plans sur des détails horribles ? La forme de violence peut-elle être facilement imitée ? Quelles sont les armes utilisées ? Ces questions et bien d'autres doivent se poser au réalisateur comme à celui qui fait le cadrage ou le montage.

De l'auteur du scénario aux plus modestes techniciens, tous ont donc une part de responsabilité dans la présentation de l'image. C'est ainsi, nous disent les spécialistes, que doivent être exclues -autant que faire se peut- les scènes de pendaison ou d'étranglement ; de même l'utilisation du revolver doit être préférée *(sic)* à celle du couteau.

Il faut ajouter que la présentation de la violence est différente selon le type de spectacle. Par exemple, les romans de cape et d'épée comme les westerns classiques impressionnent moins les téléspectateurs que ne le fait la violence représentée dans des décors plus familiers, ou sous forme d'une cruauté plus délibérée.

Enfin, l'effet de la violence dépend de sa motivation. Le bon public juge les actes brutaux d'après la qualité de leurs auteurs : sont-ils commis par les bons ou par les méchants ? Il semble que la violence du bon apporte une sorte de défoulement au téléspectateur satisfait que le méchant ait le dessous. Mais c'est alors au nom du principe suivant lequel *la fin justifie les moyens.* Or ce principe ne doit en aucun cas s'opposer à l'établissement de rapports juridiques normaux au sein de la société. Il n'est pas d'actes de violence qui seraient bons ou mauvais, en fonction de ceux qui les commettent !

Au palmarès de la violence se situent, sans concurrence possible, les productions américaines dont notre télévision fait une grande consommation. Ce qui peut être supporté sans grands dommages dans une société plus dure, aux moeurs plus brutales, mais sans doute moins hypocrite que la nôtre, peut difficilement être transposé, sans risque, dans un autre contexte social où la mentalité est très différente. Dans 195 films policiers américains pris au hasard, on a pu dénombrer 406 meurtres. En analysant le contenu de plus de 200 programmes de télévision, on a découvert que le crime y était 22 fois plus fréquent que dans la vie réelle. On a pu calculer qu'atteignant l'âge de dix-sept ans, un adolescent américain avait pu *voir* sur le petit écran plus de 18 000 meurtres...

Singulière et, au fond, trompeuse image que ce reflet de la société américaine où la brutalité est réelle sans doute, mais fait bon ménage avec le civisme, sans être privilégiée à ce point hors des productions cinématographiques et télévisées ! Cette image contredit notre idéal de vie. Elle est, de plus, étrangère à notre culture. Elle nous est pourtant imposée, par nos responsables de chaînes de télévision, grâce à l'achat inconsidéré -outre-Atlantique- de kilomètres de pellicule. Comment ne pas s'interroger sur les effets de tels spectacles ?

Les responsables de la télévision expliquent volontiers leurs choix par deux arguments : d'une part, la vogue assurée de ces films et séries, d'autre part, leur faible prix d'achat comparé au coût des créations françaises. Il faut, en effet, savoir que le prix d'achat d'une heure de *surplus* américain équivaut, pour le responsable de la programmation d'une chaîne, au prix de quelques minutes seulement d'émission de fiction d'origine française. La différence s'explique aisément. Le marché francophone est des plus réduits puisque la Suisse romande peut capter nos émissions, sans bourse délier. Il en est de même pour une partie de la Wallonie et nous en faisons cadeau aux pays de l'Afrique francophone, ce qui paraît normal. Il ne reste alors plus guère que le Québec pour acquérir nos productions. C'est dire que l'amortissement des productions françaises doit pratiquement être assuré dans les seules limites nationales.

Les produits américains, au contraire, sont amortis par les réseaux de télévision grâce aux recettes publicitaires et le prix de revente, si bas soit-il, est, pour eux, tout bénéfice.

Certes, nos acheteurs font un tri -du moins peut-on l'imaginer- dans l'immensité de la production américaine et l'on peut supposer qu'ils éliminent à la fois le plus violent et le plus médiocre. Mais ils ne peuvent se livrer à ce travail à l'intérieur même d'un film acquis par eux. C'est ainsi que nous devons absorber chaque année des centaines d'heures de productions américaines qui nous soumettent à l'influence de manières de voir -voire d'intérêts- qui ne sont pas les nôtres.

Comment s'explique cette situation ?

Aux Etats-Unis l'économie est totalement libérale. C'est pour les citoyens de ce pays tout à la fois un dogme (la liberté d'entreprendre étant partie intégrante de la liberté tout court) et un moyen efficace d'assurer le progrès économique.

Force est de reconnaître que, malgré bien des *bavures*, les Américains ont su, grâce à ce système et avec éclat, tirer parti des ressources de leur immense territoire. Mais devaient-ils abandonner aussi aux lois de la concurrence leurs sociétés de télévision, fût-ce en érigeant certaines barrières fédérales pour l'attribution de ce qu'on pourrait appeler -en termes simplifiés- des licences d'exploitation ? (1)

Le résultat était inévitable. Ce sont les entreprises commerciales qui, par leurs émissions publicitaires, font vivre intégralement les réseaux de télévision, mis à part de timides programmes *culturels*, financés par quelques fonds publics et par des fondations et qui recueillent aux Etats Unis environ 3 % de l'audience.

Le principe étant admis, les mécanismes sont à la fois simples et logiques. Simples, car il faut obtenir le maximum de public au moment du passage de la publicité. Logiques, car les sondages d'écoute commandent le choix des émissions.

Ainsi, lorsque nous achetons la copie d'un grand succès américain, sommes-nous assurés, à moins d'exception, d'obtenir la *moyenne idéale* d'un dosage de violence et d'insignifiance. Celles-ci sont déterminées d'après le goût des téléspectateurs dont on flatte les instincts pour, le moment venu, les retenir devant leur petit écran. Et le moment venu c'est, là-bas, celui du flash publicitaire !

La demande du public ?

Le roman de Sam Hedrin : "Network" *Main basse sur la télévision*, a, comme héroïne, une journaliste responsable d'un réseau de télévision. Elle ne cache pas que son but est de plaire à n'importe quel prix ! *Dans notre média, on sort des spectacles qui re-*

---

(1) Trois grandes sociétés détiennent les trois principaux réseaux (networks) : CBS ; NBC (*National Broadcasting Corporation*) ; ABC (*American Broadcasting Company*).. Un quatrième réseau (*fox network*) a été progressivement mis en place depuis 1988.

viennent sur l'écran toutes les semaines. Ce qui compte c'est donc que vous donniez aux spectateurs des personnages qui leur plairont et que les gens auront envie de regarder toutes les semaines (2).

Quant au "présentateur fou" magistralement mis en scène dans cet ouvrage, il apostrophe les téléspectateurs en ces termes : *La vérité, je vous le dis, ce n'est pas chez nous que vous la trouverez ! Nous, on vous dira ce que vous voulez, ce qui vous flatte. Parce que nous savons mentir, nous mieux que personne ! ... Si c'est de la merde que vous voulez, on vous donnera de la merde ! Notre affaire à nous, c'est de vendre de l'illusion ! Rien de vrai ! (...). Nous sommes devenus tout ce que vous connaissez, tout votre monde. Vous commencez sérieusement à croire que les illusions qu'on vous dévide, c'est la réalité. Vous commencez à croire sérieusement que ce sont vos vies, votre monde qui sont irréels. Vous faites tout ce que la lucarne vous ordonne de faire. Vous vous habillez comme la lucarne, vous mangez comme la lucarne, vous pensez même comme la lucarne !* (3)

C'est là, dénoncer l'éternel conflit entre ceux qui disent : *il faut leur donner ce qu'ils aiment,* et ceux qui répondent *ils ne l'aiment que parce que vous le leur donnez, mais ils pourraient aimer autre chose.* Pour les premiers, le *Notre Père* des catholiques est devenu une prière *cathodique* : Donnez-nous notre *télé quotidienne* ! Dans cette situation ambigüe des rapports entre l'offre et la demande, qui, en définitive, s'impose à l'autre, du producteur ou de l'usager ? Si les fabricants de programmes manquent du sens des responsabilités, ils peuvent, à bon compte, s'assurer un maximum d'audience. Mais alors à quel prix pour la société ?

---

(2) Sam Hedrin "Network", op. cit. p. 77
(3) Ibid

15 - LA TELEVISION, MIROIR DE L'EPOQUE

Selon Stendhal, dans *Le Rouge et le Noir* : *Le roman est comme un miroir qu'on promène le long du chemin.* Le miroir n'est donc pas responsable de ce qu'il montre. De nos jours, beaucoup pensent qu'il en serait de même de la télévision. Mais rien n'est moins exact car il est toujours dangereux de discuter à coup de comparaisons. Pour une fois, acceptons cependant le jeu. Si l'on veut parler de miroir, il faudrait savoir duquel on parle : plan ou concave, c'est-à-dire neutre ou déformant ? La télévision ne concentre-t-elle pas singulièrement les éléments qu'elle reflète ? N'en est-il pas pour elle comme d'un rayon de soleil qui, renvoyé par un miroir plan ne peut qu'éblouir, mais qui, réfléchi par un miroir concave, peut incendier ?

A quoi cela tient-il ? A ce que la télévision ne cherche pas à nous donner une vision réelle du monde, mais une vision sensationnelle et dramatisée, qui seule peut intéresser les badauds que nous sommes. Non seulement, elle cultive la brutalité dans les oeuvres d'invention, parce que c'est le ressort le plus sûr de l'intérêt dramatique, mais encore elle tire du réel un roman de violence dont elle nous fait croire qu'il est encore vrai, parce qu'il est composé d'images, alors qu'il n'est qu'une stylisation tendancieuse, pour ne pas dire une caricature.

Et, si elle est un miroir, ne devrait-elle quelquefois nous montrer la *cuisine* qui aboutit à déverser sur nos écrans ce que l'on y trouve ? La chose a été faite dans certains films satiriques qui mettent en scène les moeurs de la télévision américaine dans sa course au sensationnel. Il faudrait les multiplier chez nous aussi, ne serait-ce qu'à titre d'antidote. Mais avons-nous assez d'humour ?

On a une incontestable tendance à nous montrer les bizarreries et les monstruosités, comme si n'était pas tout aussi humain et réel, l'effort de tant d'hommes pour se dépasser (1). Disons franchement que la télévision a congénitalement un besoin pathologique de pathologie. On a l'impression qu'elle provoque -pour nous attirer- ce surplus de violence qui nous paraît dépasser qualitativement et quantitativement la dose normale, si l'on peut ainsi parler.

Vraisemblances.

Comment l'intrusion dans la vie quotidienne, d'une aussi fascinante distraction, pourrait-elle être sans effet sur les esprits ? Supposons qu'en 1965 on nous ait annoncé qu'un journal allait se lancer et qu'il aurait un million de lecteurs de plus chaque année. Nous en aurions conclu que ce journal allait conquérir le pays tout entier. Or, c'est plus d'un million d'usagers qu'à partir de 1965 -et durant une bonne douzaine d'années- la télévision a gagné tous les ans en France. Ceci pour aboutir aux soirées actuelles où, à part quelques originaux, les mourants et les bébés, tous sont rivés devant leur poste de télévision. Comment ne leur en resterait-il pas quelque chose à tous ?

---

(1) Le *dépassement* montré à la télévision doit être spectaculaire donc violent, même s'il est positif. En sont tout à fait exemplaires les "reality show" comme *La Nuit des Héros* ou *Les Marches de la Gloire* qui remettent en scène des histoires vécues. La perversité va jusqu'à la présentation violente de l'actualité pour attirer l'attention des médias : sans violence, l'idée ne passe pas ; alors il faut barrer les routes, prendre des automobilistes en otage, brûler, détruire ... La non-violence n'a rien de spectaculaire et n'attire pas les caméras de télévision. Aujourd'hui une minorité agissante et violente, grâce au relais des caméras de télévision a plus de poids qu'une foule défilant calmement dans l'indifférence des médias. Un événement non couvert par la télévision n'existe pas ; une éruption de violence, même si elle s'avère épiphénomène éphémère est une réalité qui s'impose, dès lors qu'elle reçoit l'onction cathodique.

Aux spectacles de la violence offerts par la télévision, la plupart réagissent par la réprobation : ce sont ceux qui se plaignent de la surabondance des spectacles de violence, même si quelque chose en eux se passionne pour le tragique. Ils ne risquent pas d'être entraînés eux-mêmes à la violence, dont ils ont peut-être goûté le spectacle dans un film. Mais il est inévitable que d'autres télespectateurs soient séduits et, quelque jour, se sentent portés à s'affirmer à leur tour, en abusant de leur force. Ceux-là se recrutent parmi les esprits faibles et les marginaux que, pour bien des raisons, notre société produit en nombre croissant. Ils sont cependant une minorité. Mais est-il besoin de beaucoup de criminels pour empoisonner le climat d'une ville et faire que chacun se sente menacé ?

Il s'agirait donc de savoir si l'on peut établir effectivement une relation entre la violence si abondamment montrée à la télévision et l'augmentation de cette même violence dans notre société de téléspectateurs. Les vraisemblances nous portent à le croire, mais est-ce que les faits le confirment lorsqu'ils sont traités comme ils doivent l'être, c'est-à-dire conformément à des méthodes scientifiques ? Quel est donc le point de vue des spécialistes ?

On peut, pour répondre à cette question, distinguer trois tendances. Beaucoup de sociologues prennent franchement le contre-pied des opinions communes et contestent la possibilité de prouver une corrélation entre la vue des spectacles violents et une augmentation de la délinquance ou de l'agressivité chez les téléspectateurs. Pour d'autres, de tels spectacles ont un effet plutôt *cathartique*, donc tranquillisant. Mais certaines enquêtes, et parmi les plus sérieuses, aboutissent à faire admettre un effet d'incitation, surtout chez les jeunes.

Examinons chacune de ces trois thèses.

"La télévision n'est pas coupable"

C'était le titre choisi par *Le Monde* pour rendre compte des travaux du Congrès de criminologie réuni à Caen, en novembre 1976. Le thème en était "criminalité et mass média". Les thèses en présence n'ont guère changé depuis.

Dès l'ouverture du congrès, le Dr Yves Roumajon, alors président de la société de criminologie française, rappelait que l'accusation d'incitation portée contre les moyens de communication n'était pas nouvelle : le théâtre, les journaux illustrés, le cinéma ensuite, ont été désignés dans le passé comme étant de *véritables écoles de dévergondage.*

Mais si le problème n'est pas nouveau, est-il pour autant résolu aujourd'hui ? Et l'est-il dans le sens de l'opinion générale ? Rien n'était moins sûr aux yeux du Dr Roumajon, qui concluait en citant un rapport du Conseil de l'Europe publié en 1968 : *tout ce que nous savons en toute certitude au sujet du cinéma, est que nous n'en savons pas grand-chose de certain.* Cette thèse fut soutenue, entre autres, par Yves Chirol, du Centre de formation et de recherche de l'Education surveillée. Impossible, à son avis, de compter la télévision parmi les causes de la délinquance, si l'on s'en tient aux travaux des spécialistes. Ce sont les parents, les éducateurs et, à leur suite, la presse, qui poussent à chercher dans le sens de la responsabilité. Un sondage réalisé à l'époque par un magazine de télévision parmi ses lecteurs (2) faisait en effet apparaître les opinions suivantes :

- *On voit trop de violence à la télévision : 62 %*
- *Les scènes de violence ont pour effet d'augmenter la violence : 59 %*

---

(2) *Télé 7 Jours*, 28 février 1976. Cité par Y. Chirol, *Criminalité et mass média, Critiques méthodologiques sur le thème Mass média et délinquance* (texte dactylographié).

- *Les enfants d'aujourd'hui qui regardent beaucoup la télévision ont tendance à être plus violents que ceux des générations précédentes : 56 %*
- *Il y a trop de violence dans les feuilletons : 24 %*

Des sondages britanniques avaient donné des résultats comparables. Les sociologues furent donc amenés à s'interroger sur ces opinions elles-mêmes. Ils ont alors constaté que celles-ci tiennent à des jugements portés globalement et qui font place curieusement à une parfaite tolérance quand il s'agit de telle ou telle émission, ou scène déterminée. Donc *tout se passe comme si beaucoup de nos contemporains ne pouvaient parler des mass média qu'en termes de censure* (3). Cette opinion reflète moins la connaissance des faits en question que leur angoisse devant l'évolution de la société. On pourrait récuser la question comme étant mal posée. Yves Chirol a cependant tenu à examiner les différents biais par lesquels on avait essayé de la résoudre au moyen d'expériences : imitation, dans la vie réelle, des modèles de violence vus à la télévision, augmentation de l'agressivité après vision d'un film violent, participation imaginaire au héros violent par l'identification, etc. Mais, chaque fois, on a échoué à établir de façon convaincante la responsabilité directe de la télévision. Yves Chirol pouvait alors faire sienne la déclaration de trois spécialistes anglais : *Nous avons été incapables de trouver, dans le travail des spécialistes de la délinquance, quelques résultats de recherche valables qui nous permettent de conclure que la télévision peut être considérée comme un facteur étiologique important du comportement délinquant* (4).

Cette thèse est surprenante mais on comprend l'agacement des spécialistes face à des idées reçues qui sont autant de jugements à l'emporte-pièce

---

(3) Olivier Burgelin, *La Communication de masse,* Paris, 1970.

(4) J.D. Halloran, R.L. Brown, D.C. Chaney, *Television and Delinquency,* Leicester University Press, 1970.

là où eux-mêmes savent la complexité des choses et la difficulté à les analyser objectivement. On comprend donc qu'ils veuillent que toute affirmation puisse s'appuyer sur une expérience probante. En fait, la thèse de Yves Chirol n'est pas que l'influence de la télévision sur le comportement violent de certains spectateurs n'existe pas, mais que l'on n'a pas pu la prouver. Il n'a pas voulu réfuter l'opinion courante à ce sujet, mais seulement adresser des *critiques méthodologiques* à ceux qui pensent, dans une certaine mesure, l'avoir justifiée.

Est-il cependant possible de réaliser des expériences probantes dans une matière aussi complexe ? Le spectacle de la violence à la télévision ne peut être ni la cause nécessaire, ni la cause suffisante de la violence dans le comportement du téléspectateur ; elle ne peut en être qu'un facteur parmi d'autres et dont l'action éventuelle dépend de ces autres facteurs : formation préalable, milieu éducatif, dispositions du moment et, d'abord, tempérament individuel, sans parler de ce facteur fondamental en démocratie qu'est la liberté. Ce qui incite tel individu à la violence, peut en détourner l'autre. Il faut, en cette matière, tenir compte plus qu'ailleurs de la possibilité d'une réaction d'opposition autant que d'imitation.

Le phénomène cathartique

Celui qui voudrait répondre aux paradoxes des spécialistes par d'autres paradoxes, pourrait également soutenir que, dans l'ensemble, les spectacles de violence à la télévision peuvent avoir aussi bien un effet bienfaisant qu'un effet nocif et que ces spectacles détournent plus de gens de la violence qu'ils n'en poussent à imiter les excès présentés.

On ne ferait ainsi que reprendre une thèse bien connue qu'Aristote a formulée à propos de la tragédie. Les héros de la tragédie grecque n'avaient rien à envier aux criminels de nos films. La vue de leurs atrocités était, d'après Aristote, bénéfique : elle procurait un effet *cathartique*, c'est-à-dire purifiant, ou plus exactement purgatif, en permettant ce que nous appelons aujourd'hui -grâce à l'expérience de la terreur et de la pitié- un défoulement. Corneille, par exemple, écrivait à propos de cette "purgation des passions" : *La pitié d'un malheur où nous voyons tomber nos semblables nous porte à la crainte d'un pareil pour nous ; cette crainte, au désir de l'éviter et ce désir, à purger, modérer, rectifier et même déraciner en nous la passion qui plonge dans ce malheur les personnes que nous plaignons* (5).

Il est possible que les spectacles de violence -réelle et imaginaire- qui sont livrés par la télévision puissent avoir un pareil effet sur un assez grand nombre de téléspectateurs. La preuve en est justement que l'opinion régnante, qui dénonce la violence à la télévision et redoute ses effets nocifs, est celle de personnes qui, le plus souvent, prennent plaisir à ces spectacles. Elles sont donc portées non à l'imitation, mais à la réprobation, ainsi qu'à une méfiance qui peut ne pas être inutile dans le monde où nous sommes.

Mais la question n'est pas là. Elle est de savoir s'il n'y a pas une minorité qui réagit autrement. Si infime que soit cette minorité, elle pose un problème considérable à la société. Pour qu'on doive s'inquiéter, il suffit que la télévision encourage à la violence un petit nombre d'individus prédisposés, mais dont l'âme, comme dirait Baudelaire, *n'est pas assez hardie* pour aller jusqu'au bout de ses pulsions brutales sans une incitation qui lui vienne de l'extérieur. C'est dire qu'on a le devoir de s'alarmer dès lors que l'on peut établir que, dans certains cas, les spectacles de violence peuvent modifier le comportement de quelques-uns de ceux qui les ont vus.

---

(5) Corneille, *Discours de la tragédie.*

Pour peu qu'on se laisse impressionner par la tendance critique dont certains spécialistes se font une règle, on en arriverait à dire : puisqu'on n'a jamais pu apporter de preuve en faveur de l'idée que la télévision contribue à engendrer la violence, on peut considérer jusqu'à nouvel ordre qu'elle n'a pas un tel effet. Ce serait doublement exagéré, car il est faux qu'il n'y ait aucune preuve et il serait absurde de dire que ce qu'on voit à la télévision est sans effet lorsqu'il s'agit de la violence.

Un colloque de l'UNESCO consacré à cette question aboutissait à une conclusion particulièrement équilibrée : *Les moyens d'information ne sont pas responsables de la violence du monde dans lequel nous vivons. En revanche, par leur nature même, ils peuvent contribuer à propager cette violence. Ils peuvent également contribuer parfois à la prévenir. Ce serait une erreur dangereuse d'en faire les boucs émissaires responsables de tous les maux de la société, mais ils ne sauraient se soustraire à leur devoir, qui est de mettre au service de la raison, l'influence qu'ils exercent sur les relations humaines (6).*

La difficulté que nous rencontrons semble tenir à l'impossibilité d'expérimenter de façon satisfaisante. Veut-on, par exemple, démontrer que de jeunes téléspectateurs sont portés à imiter les comportements violents qu'ils ont vus dans un film ? On prendra deux groupes, dont l'un voit un film violent et l'autre non et l'on comparera leur comportement dans la suite. C'est ce qu'a fait, en 1961, A. Bandura à l'université de Stanford. Il a constaté, chez les enfants, une incitation à imiter le comportement des acteurs dans une situation de jeu libre qui leur permettait de manifester leur agressivité. Mais l'objection fuse aussitôt : *En fait, Bandura n'a réussi son expérimentation*

---

(5) Mary Burnet, *Les moyens d'information dans le monde de violence*, Unesco 1971, p. 39.

qu'en l'enfermant dans une sphère ludique assez étroite. Les modèles fournis par le film pouvaient être directement reproduits dans la situation de jeu qui suivait. Donc, il est impossible de tirer quelque conclusion générale de cette expérimentation (7).

Cette objection est peut-être valable en toute rigueur. Mais elle risque fort de pouvoir être faite à toute expérimentation concernant le problème qui nous occupe, tant la différence est grande entre une situation artificiellement créée et la réalité de la vie.

Ces expériences ne nous donnent pas moins, semble-t-il, des indices qui nous invitent à penser qu'on ne peut impunément, surtout pour les enfants et les adolescents, regarder à longueur de semaines et d'années des spectacles violents. Mais surtout, il faut se souvenir qu'une science peut légitimement se constituer sur la base d'observation, lorsqu'elle ne peut expérimenter : songeons à l'astronomie !

L'effet incitateur.

Toutes les expériences cherchent à constater s'il existe ou non un effet immédiat d'imitation ou d'incitation. Or, ce n'est pas exactement le problème. Il importerait assez peu qu'après avoir vu un film violent on soit plus porté à l'agressivité. Le risque qui doit nous préoccuper est celui d'une influence plus profonde et plus durable, qui modifie peu à peu l'attitude des téléspectateurs à l'égard de la violence, soit en modifiant leur point de vue par l'accoutumance, soit en favorisant des dispositions qui peuvent éclater un jour, de façon imprévisible. C'est pourquoi David Victoroff pouvait constater que *la diffusion de la violence ne crée pas la délinquance ; mais on peut se demander si une telle diffusion n'en-*

---

(7) *Op. cit.*, p. 9.

gendre pas des effets moins directs et peut-être plus insidieux. Cela ne produit-il pas chez l'homme du XXe siècle une sorte d'accoutumance aux comportements brutaux et par là même un émoussement de la sensibilité à l'égard de la souffrance d'autrui ? (8)

Voilà un constat que l'on ne peut sans doute pas prouver par une expérimentation rigoureuse, mais qui est fortement suggéré par des observations sérieuses, en particulier celles qui furent faites par une Commission d'enquête dans l'Ontario (Canada).

Le rapport, exposant le résultat des recherches de cette Commission (9), aboutit à une déclaration sans ambages, valable au premier chef pour la télévision : *Les médias peuvent collaborer à la propagation de la violence sociale*, et cela, *de trois façons.*

Tout d'abord, *ils peuvent contribuer à un climat favorable à la violence* non seulement en créant des frustrations et des besoins, qu'en particulier les adolescents ne peuvent satisfaire que par la violence, mais aussi en présentant la violence comme un moyen assez normal en notre monde et, en tout cas, facile, efficace, payant et généralement impuni. *Ils peuvent, en deuxième lieu, avoir une influence causale* en enseignant des techniques de crime et de violence ou en déclenchant les mécanismes de l'imitation. Enfin, *ils peuvent exagérer ou aggraver les effets* de la violence, soit en augmentant la peur et le sentiment d'insécurité, soit en affaiblissant par l'accoutumance, la sensibilité à l'anomalie que la violence constitue (10).

---

(8) Dans *Le Monde* du 6 novembre 1976.

(9) Commission royale d'Enquête sur la Violence dans le secteur des communications (Toronto 1976).

(10) *Op. cit.*, pp. III - 12 et suivantes.

La Commission de l'Ontario analyse également dans son rapport, un grand nombre d'études *qui prouvent de façon concluante qu'il existe un lien entre la violence télévisée et les comportements agressifs* des téléspectateurs. C'est à un point tel que de nombreux chercheurs américains se sont tournés vers l'étude d'autres effets moins bien connus, notamment ceux des programmes qui sont, au contraire, à teneur prosociale et dont on constate qu'ils ont, eux aussi, une influence incontestable mais bénéfique (11). On ne peut donc estimer probable une bonne influence (sur un comportement sociable) et improbable une mauvaise influence (sur un comportement de violence).

L'incitation à l'agressivité par les spectacles violents est particulièrement nette dans les dessins animés des programmes pour enfants, dont certains comportent jusqu'à vingt-trois épisodes violents par heure *contre sept à huit pour les programmes d'adultes aux heures de grande écoute.*

Dans le cas qui nous occupe, les résultats insuffisants des *expérimentations* n'entament pas les indications certaines de *l'observation.* Or, c'est précisément sur des résultats d'observations que les enquêteurs de l'Ontario ont fondé leurs conclusions. Ils ont procédé à des enquêtes concrètes, sur la vie même, au jour le jour. Ils ont recueilli des dizaines de milliers de témoignages, rencontré des milliers de personnes. Ils ont enregistré, à partir d'une ligne téléphonique spéciale, vingt-quatre heures sur vingt-quatre, les réactions "à chaud", quelques instants après l'événement. Non seulement ils ont fait le point de la question, en étudiant plus de deux mille livres, thèses, rapports ou articles, mais ils se sont mis, pendant des mois, à l'écoute de la vie.

---

(11) *Op. cit.*, p. III - 22.

C'est ainsi qu'ils ont pu recueillir des faits de mimétisme très significatifs. On pourrait du reste multiplier les observations en dépouillant la presse, ou bien en recueillant les témoignages de médecins, d'assistantes sociales et de juges.

On sait, depuis longtemps, que dans certaines prisons américaines, de très nombreux détenus suivent les émissions policières à la télévision et notent les scénarios *pour améliorer leurs connaissances techniques.* L'un d'eux avait même un réel sens de l'humour. Qu'on en juge. Il avait, pour tenter de s'enfuir, détourné une ambulance comme il l'avait vu faire dans l'une des plus populaires émissions de violence. Mais il fut repris. Il fit alors cette remarque : *j'ai seulement dû mal regarder l'émission car il n'était pas prévu que je me fasse prendre.*

Devant de tels exemples, ne devrions-nous pas réfléchir au cri d'alarme poussé par le professeur Libert de l'Université de New York : *Etant donné que nous exportons largement nos programmes violents dans toute l'Europe, nous sommes en voie de préparer avant vingt ans la planète entière à la barbarie.*

16 - PUISQUE TELEVISION IL Y A !

Des analyses suffisamment nombreuses et sérieuses ont mises à jour les mécanismes psychologiques qui menacent le téléspectateur d'inertie mentale, et permettent de le manipuler. C'est que *la télévision est devenue une drogue, si forte que les programmes importent peu, et que l'effet seul compte.* Ce diagnostic n'est pas d'un détracteur systématique, mais du plus célèbre sociologue en la matière, McLuhan.

Qu'importe le programme pourvu qu'on ait l'ivresse, l'ivresse douce et un peu somnolente de l'homme qui s'abandonne au flux des images. Comment contester, certes, l'agrément que l'on peut tirer d'un bon programme de télévision ? Mais s'en saoûler et s'en saoûler tous les jours ? Il y a des têtes de téléspectateurs qui, comme les têtes de buveurs, sont marquées par un abus. Il est une manière de se lever de devant le petit écran qui fait étrangement penser à une certaine manière de se lever de table après un repas trop largement arrosé.

De l'analyse à l'action.

Est-ce être trop sévère que de juger ainsi ? Est-ce refuser de vivre avec son temps ? Est-ce être "pessimiste", comme on dit en jargon moderne ? Peu importe au fond, du moment qu'on retient l'idée -incontestable- des risques multiples non pas de la télévision certes, mais, plus exactement, de l'usage que l'on en fait, quitte à les sous-estimer si l'on veut. Ces risques, les législateurs qui ont organisé les divers systèmes de télévision européens en ont tenu compte et ils ont inventé différents moyens de les conjurer avec plus ou moins de succès. Ils ont mieux réussi, en général, à préserver les libertés démocratiques contre l'emprise du pouvoir et les appétits publicitaires qu'à épargner aux téléspectateurs la tentation d'abuser d'un divertissement passif.

Si, après Platon ou Thomas Moore, nous imaginions une cité idéale, nous n'irions pas y mettre la télévision à gogo. Peut-être serions alors tentés de la réduire à une seule chaîne, qui, s'offrant à des heures strictement limitées, imposerait la culture à tous les citoyens. Heureusement, nous n'avons pas à organiser ce triste système, qui pourrait vite ressembler à celui de régimes totalitaires qu'il est inutile de nommer.

La télévision existe. Elle a, chez nous, plusieurs chaînes. Bientôt, avec les satellites, ces chaînes subiront partout la concurrence de chaînes étrangères, comme elles la subissent déjà sur nos frontières et dans les villes câblées. La liberté qui, espérons-le, régit encore pour longtemps la plupart des nations européennes, aura dans ce domaine tous les inconvénients qu'on peut imaginer, en même temps que ses indispensables avantages. Reste donc à voir comment s'y prendre pour que notre télévision soit ce qu'on peut faire de mieux dans de telles conditions, avec la claire conscience des valeurs à préserver et à promouvoir comme des inconvénients à limiter.

Une telle réflexion est essentielle pour nous, en France. Elle devra se poursuivre jusqu'au moment où des résultats substantiels auront été effectivement obtenus. Car nous n'avons pas encore atteint l'idéal qui semble pourtant, en la matière, la chose la plus normale du monde, surtout quand on songe aux moyens que nous avons en hommes de talent et en ressources financières par rapport à d'autres pays, dont certains beaucoup plus petits ne font pas si mal !

Les choses telles qu'elles sont.

Cet idéal a été très clairement formulé par la loi : *Le service public national de la radiodiffusion télévision française assume, dans le cadre de sa compétence, la mission de répondre aux besoins et aux aspirations de la population, en ce qui concerne l'information, la communication, la culture, l'éducation, le divertissement et l'ensemble des valeurs de civilisation.* Voilà en quels termes le législateur définissait les tâches de notre télévision dans l'article 1er de la loi du 7 août 1974. Les objectifs de ce noble préambule demeurent valables quel que soit le nombre des réformes législatives intervenues depuis lors. Chaque mot porte et l'ensemble devrait être une profession de foi pour quiconque s'occupe de télévision !

Mais peut-on croire que notre télévision soit, sans contestation possible, un ensemble de moyens audiovisuels au service du public ? Peut-on s'imaginer qu'elle ne nous parle de l'actualité que pour nous informer, qu'elle cherche seulement à nous éduquer et qu'elle nous divertit sans chercher à nous laver le cerveau ? Peut-on penser qu'elle nous ouvre vraiment l'accès aux valeurs de notre civilisation ? De nombreuses voix officielles nous l'affirment à l'envi, comme si l'on pouvait ignorer la sourde rumeur de téléspectateurs mal résignés, qui ne savent trop comment faire entendre leurs critiques et leurs doléances.

Le blocage du système.

Le Parlement sera-t-il quelque jour entendu de ceux que l'on appelle les *hommes de télévision*, concernés au premier chef ?

Leur talent n'est certes pas en cause. Il n'a rien à envier à celui de leurs confrères des pays étrangers. Nous pouvons le dire sans chauvinisme. Nos cadreurs, par exemple, valent les Italiens, ce qui n'est pas peu dire. Nos présentateurs ont un savoir-faire et nos journalistes un esprit sans équivalent en Europe. Nos créateurs, quand ils peuvent produire, ont autant d'imagination que personne. Nos auteurs continuent à faire honneur à notre pays et nos techniciens ne le cèdent à personne ! Par eux tous, Paris reste un grand centre d'art dans le monde en fait de télévision.

Mais il apparaît une fois de plus que rien ne vaut les Français pour les commencements, mais qu'ensuite... ! Notre télévision a de plus en plus tendance à céder à la facilité, alors qu'Anglais et Allemands avançent patiemment avec ce que, volontiers, nous appelons leur *lourdeur* et qu'il faudrait plutôt dénommer *sérieux* et *persévérance.* Là où les pionniers avaient été des enthousiastes tout à leur métier, les épigones ont constitué des féodalités de privilégiés qui se sont de plus en plus sentis au-dessus des règles communes. Ils forment aujourd'hui un monde clos. Pris dans le tourbillon du succès, ils usent en cocktails, colloques, séminaires, voyages, etc..., le temps dont ils auraient besoin pour étudier, réfléchir et ... produire. Comme ils ne fréquentent que leur monde, ils perdent peu à peu contact avec la réalité du peuple français, le peuple de la province et même le peuple de Paris, partageant cette disgrâce avec tant d'officiels de tout genre enfermés qu'ils sont les uns et les autres dans leur sphère de pouvoir et de privilèges.

Il serait ridicule d'en vouloir à chacun, pris en particulier. Qui donc se mettrait en tête de pallier personnellement les inconvénients de la lourde bureaucratie qu'est vite devenue, par le jeu d'habitudes bien françaises, l'administration de la télévision ? En réalité, ils sont prisonniers d'un système, dans lequel beaucoup se sentent mal à l'aise, mais qu'ils ne peuvent changer. La responsabilité en incombe d'abord à ceux qui ont laissé se constituer le système.

Répondant à une interview dans *Télé 7 jours*, Jean Cazeneuve a opportunément déclaré qu'*il nous fallait apprendre à vivre avec la télévision.* C'est profondément exact. Toutefois, ce conseil qui, dans l'article en question, ne s'adressait qu'aux téléspectateurs, doit être étendu aux hommes de télévision. Il signifie alors, pour eux, qu'apprendre à vivre avec la télévision, c'est être conscients du pouvoir que la nation leur a confié. Or, trop d'entre eux refusent ces responsabilités parce qu'à leurs yeux, elles n'existent pas. Ils estiment avoir assez fait en étant de bons professionnels.

Mais, comment ne pas voir qu'un bon journaliste, même s'il est excellent -et surtout s'il l'est-, prend une part déterminante dans la formation de l'opinion publique ? Comment ne pas voir qu'un bon créateur, un bon réalisateur, un bon producteur -et surtout s'ils le sont- influencent l'évolution de notre culture et agissent sur le goût artistique des Français comme sur leur manière d'être ? Comment ignorer enfin que gestionnaires, techniciens et administratifs ont -du plus obscur au plus célèbre d'entre eux- chacun une part de responsabilité dans la bonne ou la mauvaise utilisation faite du budget accordé par la nation à notre audiovisuel, le résultat étant immédiat avec le plus ou le moins de création française et le moins ou le plus d'acquisitions au *décrochez-moi ça* des surplus américains ?

Que les hommes de télévision acceptent enfin de reconnaître l'étendue de leurs responsabilités, sans que soient allégées pour autant celles des téléspectateurs ! Alors les problèmes de notre télévision seront plus faciles à régler.

L'affaire de tous.

En vérité, la télévision est l'affaire de tous les citoyens. Ils doivent donc tous en porter le souci dans leur choix politiques, tout autant que celui de la Constitution, de la politique étrangère, de la Sécurité sociale ou de la monnaie. Ils devraient par conséquent exiger de leurs représentants au Parlement que ceux-ci aient l'oeil sur une institution chargée d'occuper un nombre d'heures considérables dans chacune de leurs semaines pour ne pas dire de leurs journées. Ils ne le font malheureusement pas assez. Puissent-ils en comprendre la nécessité à partir du moment où ils auront vraiment conscience du rôle de la télévision dans la formation de l'opinion publique, dans l'éducation des enfants, dans l'éveil à la culture mais aussi à partir du moment où ils connaîtront les mécanismes psychologiques que tout programme de télévision met en jeu.

Nous n'avons pas à craindre, chez nous, un régime totalitaire de gauche ou de droite. Mais nous pouvons redouter un fonctionnement de la télévision qui ferait de nous de simples consommateurs d'images.

La télévision, si elle ne peut empêcher les tyrans d'assassiner dans leur coin, ne leur permet plus de le faire tranquillement, car elle sensibilise le monde à leurs forfaits. Mais, en même temps qu'elle rend plus difficiles les asservissements collectifs, elle risque d'engendrer chez les individus une servitude mentale et de menacer tout aussi radicalement la vie démocratique. Bien utilisée, elle pourrait, au contraire, développer l'autonomie personnelle en informant et en éveillant aux responsabilités humaines.

Fera-t-elle demain ceci ou cela ?

Sera-t-elle, pour la nation entière, un moyen de distractions médiocres, de propagande insidieuse, de publicité abusive tout en développant la passivité ? Ou bien, puisque télévision il y a, ferons-nous qu'elle contribue au développement des esprits dans le sens de notre culture nationale, mais avec une large ouverture sur le monde ?

En cette fin de siècle, ne nous faudrait-il pas tenir compte du message de Bergson, pour qui *l'avenir de l'humanité reste indéterminé parce qu'il dépend d'elle* (2), alors que Wells, en réponse prophétisait : *Le principal enjeu du prochain siècle sera l'éducation !*

---

(2) H. Bergson : *Les deux sources de la morale et de la religion*, Paris 1932, Quadrige/PUF, p. 7.

Sur le fond de la question, sur les solutions les mieux adaptées aux déficiences les plus notoires et les plus criantes de notre système audiovisuel, un maître-mot semble tout résumer, c'est celui de responsabilité. Il est urgent de le remettre à l'honneur.

Bransat, le 2 décembre 1992.

TABLE DES MATIERES

--*

Impression, façonnage par

IMPRIMERIE
FRANCE QUERCY
CAHORS

N° d'impression : 21321FF
Dépôt légal : décembre 1992

L.G.D.J.-E.J.A.
N° éditeur : 2511